国内贸易部部编
中等技工学校烹饪系列教材

饮食业成本核算
（第四版）

向家方　主编

中国商业出版社

图书在版编目（CIP）数据

饮食业成本核算/向家方主编.—4版.—北京：中国商业出版社，2018.8（2021.3重印）
ISBN 978-7-5044-1344-4

Ⅰ.①饮…　Ⅱ.向…　Ⅲ.①饮食业—成本核算—中等专业学校—教材　Ⅳ.①F719.3

中国版本图书馆 CIP 数据核字（2018）第 179856 号

责任编辑：沈兴龙

中国商业出版社出版发行
（100053　北京广安门内报国寺 1 号）
新华书店经销
三河市天润建兴印务有限公司印刷

*

787 毫米×1092 毫米　32 开　4.5 印张　93 千字
2012 年 7 月第 4 版　2021 年 3 月第 10 次印刷
定价：11.00 元

* * * *

（如有印刷质量问题可更换）

编审说明

国内贸易部部编中等技工学校烹饪系列教材是为了更好地为我国社会主义市场经济建设服务,主动适应我国第三产业迅速发展需要和人民饮食结构的变化,大力提高烹饪职工队伍素质,由我司根据《中华人民共和国职业工种分类目录》和有关教学文件的要求,组织有关烹饪高级讲师、特级烹调师和长期在教学第一线任教的教师编写的。经审定,可作为中等技工学校教材,也可作为职业中学、中级技术等级培训教材和企业职工自学读物。

《饮食业成本核算》是烹饪系列教材之一,本书在原商业部统编教材的基础上作了重大修订。由武汉商业服务学院高级讲师向家方编写。最后由有关专家教授集体审阅。

在编写过程中得到了许多学校领导和教师的大力支持,在此一并致谢。由于编写时间仓促,水平有限,缺点疏漏在所难免,请广大读者提出宝贵意见,以便进一步修订完善。

国内贸易部教育司
1994 年 10 月

修订说明

《饮食业成本核算》是原国内贸易部部编中等技工学校烹饪系列教材之一。本书自1994年出版后，深受系统内外中等技工学校、职业技术等级培训单位师生的好评。随着社会主义市场经济的逐步完善，原有教材中有些内容已不适应教学的需要，因此，出版社对书进行了修订。

本次修订，调整了饮食业成本核算原则和方法，丰富了技能训练、案例等实践性教学内容，从而使经过这一次修订的教材的体系更科学，结构更严谨，内容更新颖，文字更流畅。

本次修订任务仍由原主编向家方担任。由于编者水平有限，加之时间较紧，书中疏漏之处，敬请广大读者不吝赐教，以利于今后再修订完善。

编　者
1999年12月

目 录

第一章 饮食业成本核算概述 ·············· 1
- 第一节 饮食业的范围及特点 ············ 1
- 第二节 饮食业的成本构成 ·············· 4
- 第三节 饮食业成本核算的意义 ·········· 8

第二章 主料和配料成本核算 ·············· 14
- 第一节 净料成本的核算 ················ 15
- 第二节 净料成本核算的分类 ············ 22
- 第三节 净料率及其应用 ················ 27

第三章 调味品和燃料成本核算 ············ 42
- 第一节 调味品成本核算的意义与特点 ···· 42
- 第二节 调味品用量的估算方法 ·········· 44
- 第三节 调味品成本核算的方法 ·········· 46
- 第四节 燃料成本核算的方法 ············ 49

第四章 饮食产品成本核算 ················ 52
- 第一节 饮食产品成本核算的方法和特点 ·· 52
- 第二节 主食、点心的成本核算 ·········· 54
- 第三节 菜肴制品的成本核算 ············ 57
- 第四节 筵席的成本核算 ················ 59
- 第五节 饮食成本报表 ·················· 62

第五章 饮食产品价格的核算 ·············· 69
- 第一节 饮食产品价格的构成 ············ 69

第二节　饮食产品的定价原则 ………………………… 71
　　第三节　饮食产品毛利率的确定 ……………………… 74
　　第四节　饮食产品价格的计算 ………………………… 81
　　第五节　饮食产品毛利率的换算 ……………………… 89
　　第六节　饮食产品价格的调整 ………………………… 91
第六章　加强成本管理和提高经济效益 …………………… 94
　　第一节　抓好采购进货 ………………………………… 94
　　第二节　加强储藏保管 ………………………………… 96
　　第三节　提高操作水平，扩大销售服务 ……………… 101
　　第四节　降低经营管理费用 …………………………… 104
附录一　饮食产品成本、毛利率和售价核算参考表 …… 107
附录二　计算练习题 ……………………………………… 126

第一章　饮食业成本核算概述

饮食业是由从事饮食生产经营的单位和部门所组成的行业，处于第三产业的商品流通层次，是国民经济的重要组成部分。它对繁荣经济、活跃市场、丰富人民生活，为人民消费服务，适应旅游事业的兴起，促进工农业生产的发展等，都具有重要作用。

开展与加强对饮食生产经营成本的考核计算，对促使饮食企业改善经营管理，降低生产经营成本，提供价格合理的饮食与服务，以获取合理利润，保证饮食企业经营的良性循环和不断扩大再生产具有重要意义。

第一节　饮食业的范围及特点

一、饮食业的范围

饮食业是指专门从事加工、烹饪和出售饮食制品，并提供消费场所、设备和服务性劳动，以满足顾客需要的行业。一般包括各类面向社会服务的餐馆、酒店、饭庄、快餐店、甜食店、小吃店、冷饮店、西餐厅、酒吧、茶社，以及饮食排档、摊贩、个体户；还包括宾馆、酒店、旅社、公寓、招待所、度假村、游乐场、歌舞娱乐单位中的饮食部门等。这些都是商业性饮食企业和部门，都是以营利为经营目的，并以此获得生存与发展，这是饮食行业的主体。

从广义上讲，饮食业还应包括以后勤保障为主要目的的饮食服务部门，例如学校、医院、疗养院、各类社会团体、企事业单位的食堂等。

由于经济发展水平和饮食经营与消费方式的差异，不同地区和国家对饮食业的统计范围不尽相同。例如日本把在家庭以外的场所就餐称为"外食"，这就既包括了社会各类宾馆、饭店、餐厅、酒店、快餐厅、小吃店等所生产经营的饮食，又包括了工厂、商店、学校、医院的食堂以及列车、轮船、航班等方面的饮食供应，统称为外食产业，故其饮食市场规模相当庞大。

我国目前对饮食业的统计范围主要限于商业性饮食服务企业和部门。随着我国社会主义市场经济的逐步建立和完善，越来越多的事业性饮食服务部门正在走向市场，饮食业的范围和规模将获得迅速扩展。

二、饮食业的基本特点

（一）提供多种形式的使用价值与交换价值

社会劳动有物质生产劳动和非物质生产劳动。饮食业职工的劳动，既有物质生产劳动，如烹制各种菜点，又有非物质生产劳动，如餐厅服务。这两种劳动都是社会必要劳动，都是为社会需要提供使用价值。不同的是，前者是以物化劳动产品的形式提供使用价值，而后者服务性劳动是以"活动"形式提供使用价值。对"服务"，马克思科学地概括为："服务是劳动使用价值的表现。"并高度评价了这种服务性劳动，把它称为提供特殊使用价值的劳动。饮食业既向消费者提供饮食产品这种有形的劳动，又提供具有特殊形式的使用价值和交换价值。在这里两种劳动有机地结合为一个整体。

(二) 具有加工生产、商品销售、消费服务三种职能

饮食企业是以购进饮食原材料，经过加工烹制成主、副饮食品，同时提供消费场所和相应的设施设备及餐具等，直接为消费者服务的。因此，它不同于纯工业，也不同于纯商业和纯生活服务业，而显出其自身的特色，即兼有加工生产、商品销售和消费服务三种职能，这也就是所谓的产、销、服务共沾，三种职能在一个饮食店里实现。

(三) 主要是手工操作，技术工艺性强

在我国现阶段条件下，饮食业手工操作的比重还较大，不像工农业生产可以迅速普遍地使用机器或化学药品代替手工劳动，更难于在短期内发展为电气化、自动化。即使在工业发达的国家里，饮食生产的手工操作比例也较工农业生产大得多。而且饮食业的切配烹调技术、面点制作、造型与雕花、各地的名菜名点等，都有其独特的技艺与规程。这些都是要借助于手工操作的技能技巧来发挥，在相当一段时期内，绝非机器所能完成。

(四) 经营服务过程与消费过程的统一

饮食企业是直接向消费者提供产品和劳务的，必须直接接触消费者，才能达到经营服务活动的目的。它和工农业产品供应不同，工农业产品要经过流通、分配环节提供给消费者消费，在时空上、地点上都不一致；其生产、交换和消费不在同一时空和地点进行。而就饮食业的劳务活动与消费来说，一般则是在同一时空和同一地点进行的，经营服务过程与消费过程同时发生，两者取得了统一。这种面对面的服务与消费的特点，对饮食企业在物质设备、工艺技术、员工素质诸方面提出了更高更直接的要求。

(五) 具有较强的地方特色

饮食业的产品、劳务的交换活动，不同于一般的商品

交换活动，不存在饮食品在时空上的转移，不存在饮食业产品与劳务的地区间的调拨，其主要是就地服务。同时，我国地广人多，又是一个多民族国家，各地区、各民族的生活习惯不同，消费方式各异，因此形成地区间、民族间在饮食和劳务需求上的差别。这种需求上的差别决定了饮食业经营服务活动具有较强的地方性。如山西人爱吃酸的，云贵川喜欢辣的，江南人偏爱甜的，东北人偏重咸的，等等。这就要求饮食经营必须因地制宜，以符合当地群众的饮食需要。

饮食业的这些基本特点与其成本构成有着密切的关系，正是这些特点，导致了饮食业的成本构成与其他行业成本构成之间的差异。

第二节 饮食业的成本构成

一、成本

成本，广义地说，就是从事某种生产或经营时企业本身所耗费支出的总和。企业在生产或经营过程中的各项耗费支出，如原材料消耗、燃料消耗、劳动报酬、固定资产折旧、家具用具消耗等，都是企业的成本。正因为企业经营中的所有耗费都是广义的成本，所以人们常常将成本和费用视作同义词。在资本主义国家，成本和费用的区别亦是不很严格的，许多研究成本控制的书籍对这两个词也是往往混用的。

按照企业生产、经营分工的不同，成本构成也就不同。一般可分为工业成本、商业成本、交通运输成本和饮食服务成本等。我国财政部制定的有关成本管理的条例，明确规定了不同行业的成本构成范围。一般来说，凡在生产经营过程中发生的各项直接支出，均列入营业成本，而在生产经营过程中发生的各项非直接支出，则列入费用开支（包括营业费用、管理费用和财务费用）。这就界定了各个行业成本与费用的区别。

二、产品成本

产品成本即生产成本或制作成本，是由企业用于生产或加工某种产品，所消耗的一定数量的生产资料和劳动量构成的。这些转移到产品上的已被消耗的生产资料价值，以及用工资形式支付的必要劳动量的价值，就是产品成本。饮食业是生产饮食品的行业，它用于制作饮食品的消耗支出，就是饮食产品成本。

为生产某种产品所支出的耗费，是该种产品的成本。全部产品的生产耗费总和称为总成本；单个产品的生产耗费称为单位产品成本。饮食业计算成本的对象，是单件饮食品，所以，通常说的饮食业的产品成本，指的是饮食单位产品成本。

三、饮食业成本

根据饮食行业的经营性质，饮食业成本应由生产、销售和服务三种成本构成。但是，由于饮食业的经营特点是产、销、服务统一在一个企业里实现，除原材料和燃料成本外，其他如职工工资、经营费用、管理费用等，很难分清用于哪个环节，故难以分别核算；习惯上只计算其生产成本部分，只以原材料和燃料作为饮食产品成本要素，而不包括生产过程中的其他投入。原材料和燃料以外的其他各种投入，均另立项目，在饮食企业的经营管理费用中计算。对此，我国有关的成本管理条例曾有明文规定。

由我国财政部制定,于1993年7月1日起施行的《旅游、饮食服务企业财务制度》第七章(成本和费用)第四十八条规定:企业在经营过程中发生的各项直接支出,计入营业成本,包括:……饭店餐饮部和餐馆耗用的食品、饮料的原材料、调料、配料成本;……燃料成本。并指出产品进价成本是指购进产品原价等。这就从制度上,对饮食企业的成本构成作了明确的界定。

在具体实施过程中,饮食原材料成本应包括构成饮食品的主料、配料、调料成本,同时还应包括这些原料的合理损耗;在加工制作过程中包括菜点的用料(如生产制作粽子所耗用的粽叶),应视同配料列入成本;在外地采购原料的运输费用和在外单位仓库储存原料的保管费、冷藏费亦应列入成本。燃料成本则应包括饮食烹饪制作中实际耗用的薪柴、煤炭、柴油、天然气、液化气等费用开支。

四、饮食产品成本的要素

饮食业用以烹制饮食品的原料有鸡、鸭、鱼、肉、山珍、海味、水果、蔬菜、稻米、面粉、食用油脂,等等。根据其在饮食品构成中的不同作用,这些原料通常划分为三大类:即主料、配料(也称辅料)和调料(也称调味品)。这三类原料的成本加上燃料成本,就构成了饮食产品成本,即所称的饮食产品成本构成的四要素。

(一) 主料

主料是制成各种饮食产品的主要原料。在主食点心中以米、面、糖、油为多见;在菜肴中则以鸡、鸭、鱼、肉、蛋、山珍、海鲜等动物性原料为多见。水果、蔬菜、豆制品等也有充作菜肴主料的,但为数较少。一般来说主料的单位价值较高,耗用量较多,故所占成本的比重也较大

（70%以上），主料成本是构成饮食产品成本的主体。

（二）配料

配料也称为辅料，是制成各种饮食产品的辅助材料。在各式菜肴、羹汤中充作配料的以各种根、茎、叶、花、果、蔬菜为多见，耗用量少于主料，所耗配料的价值也大都低于主料价值。但也有少数菜肴品种，是以鸡、鸭、鱼、肉、蛋等动物性原料充作配料的，所以具有相当的价值量。

（三）调料

调料也称为调味品，是制成各种饮食产品的调味用料，如油、盐、酱、醋、胡椒、味精等，主要在菜肴制品中起味的综合或调节作用。它在各种饮食单位产品里耗用量不多，但却是必不可少的。这也就是说，调料成本是构成产品成本的不可缺少的部分。

（四）燃料

燃料是烹制各种饮食品所必须耗用的物资，如薪柴、煤炭、燃油、燃气以及电炉、电烤箱、电炸锅耗用的电量等。燃料所耗开支在饮食成本中占有一定比率，越是主食制品和大众化菜肴，燃料耗用所占成本比率越大。而山珍海味高价值制品燃料耗用所占成本比率则相对较小。普通饮食企业的燃料成本率均高于豪华饮食企业所占比率。

以往，在有些地区、有些系统，曾将饮食产品成本限定为主、配、调料成本，即所谓饮食产品成本三要素之说；将燃料开支作为费用而不列入成本。结果既造成燃料耗用无法保障，又造成虚假的过高毛利率，给饮食生产经营带来许多困难和混乱。还有些部门和饮食企业，将职工劳动报酬或者是厨房员工劳动报酬列入饮食成本，通过这种计算去加大饮食成本量，进而人为地提高饮食价格以获取非法高额利润等。显然，这都违反了饮食业成本管理条例，必须要立即加以改正。

第三节 饮食业成本核算的意义

一、饮食成本核算

饮食成本核算即对饮食成本的考核与计算。主要是对饮食产品成本的考核与计算，包括对饮食产品的组合——筵席的成本核算，同时包括对生产饮食产品的班组、部门以至企业在各个时期耗用成本的核算等。

要知道饮食产品的成本是多少，必须对饮食产品的成本耗用进行计算，那就要记账、算账、建立和健全各项制度，以便对饮食企业的经济活动过程进行记录和分析，对生产投入和产出成果进行比较。这种在饮食生产经营活动中的记账、算账、分析、比较的过程，就是一般意义下的饮食成本核算。

二、饮食成本核算的意义

饮食产品成本是饮食企业在生产产品中的原材料和燃料支出，饮食企业在保证产品的产量和质量的情况下，产品成本越低就表示企业工作质量越好，生产经营管理水平越高。正确计算饮食产品成本对于不断改进成本管理工作，贯彻执行党的物价政策，切实维护消费者的利益，争取以尽可能少的投入，取得尽可能多的产出，以提高经济效益，增加资金积累等，具有极为重要的意义。

（一）正确执行国家的物价政策

贯彻执行国家物价政策，在饮食企业是通过执行一定的价格水平（毛利率）来实现的，同时也取决于成本核算的精确与否。如果成本核算不准而忽高忽低，即使按规定的毛利率核定饮食产品的售价，也不会得出合理的价格，更不可能正确体现国家的物价政策。其结果损害消费者的利益，影响企业经营。因此，搞好成本核算工作，是正确执行国家物价政策的重要一环。

（二）维护消费者的利益

饮食企业是为广大人民群众服务的。要服务得好，不但要改善服务态度，提高服务效率，重视产品质量，而且要切实维护消费者的利益，实行合理负担，做到买卖公平，价廉物美。否则，即使其他方面工作做得很好，群众也不会满意。而要做到买卖公平，首先要精确地核算产品的成本。因此，认真搞好成本核算乃是维护消费者利益的必要前提。

（三）为国家提供合理积累

饮食企业在为人民生活服务的同时，还担负着为国家提供合理积累的任务。成本核算不准，如果偏高，就会损害群众的利益，而如果偏低，则将影响企业经营成果，使企业减少赢利，甚至造成不应有的亏损，进而影响国家利税的积累。因此，必须正确把好成本核算工作这道关，保证企业赢利与为国家提供合理积累。

（四）促进企业改善经营管理

成本核算是企业经营管理的重要内容之一。只有有了严格的核算制度并认真实施之后，才能全面考察企业的经营是否有利，管理水平是否先进。因此，做好成本核算工作，对于促进饮食企业管理的改善有着深刻的意义。

三、饮食成本核算应遵循的原则

成本核算是饮食企业加强成本管理的重要组成部分。

为了充分发挥成本核算的作用,饮食成本核算必须遵循以下四条基本原则。

(一)严格遵守国家财政管理部门规定的成本开支范围和标准

这是企业必须执行的重要财经纪律,也是饮食企业正确核算产品成本的重要原则。凡与成本要素无关的各项开支,如基建投资、企业专用资金支出、物料用品购置、财产损失等均一律不得列入产品成本。与此同时,还要严格遵守执行费用开支标准。

(二)建立和健全原始记录

原始记录是直接反映生产经营活动的原始资料,它是成本核算工作的基础。饮食企业对各种原材料和燃料的消耗,在产品、半成品和成品在内部的转移等,都应有原始记录,并必须做到及时、准确、完整、责任清楚。

(三)开展定额管理,健全原材料管理制度

饮食企业在生产过程中的原材料和燃料耗用,必须制定先进合理的定额,这是考核、分析产品成本水平的重要依据,并能据以审核各项消费是否合理与节约。此外,还应按原材料的收、发、领、退,建立严格的计量、计价、检验和盘点制度,防止乱领乱用,以至造成损失浪费。

(四)坚持专业核算与群众核算相结合

群众核算是动员和组织企业全体职工,关心企业的生产经营活动,重视成本开支和经济效益的有效方法,是民主理财的重要形式,是专业核算工作的基础。专业核算部门(如财会部门)要辅导企业的职工熟悉具体的核算方法,由点到面,可按部门、班组、岗位作为群众核算单位,围绕产品品种、规格质量、成本开支等项目进行核算工作,以更好地使国家、企业、职工三方面利益紧密结合起来。

四、饮食成本核算的任务

成本核算是企业经济核算工作的组成部分,对饮食企业来说是非常重要的。其主要任务包括以下四个方面。

(一)认真执行有关饮食成本管理的条例

饮食生产成本的投入,凡符合有关方针、政策与管理条例的就开支,不符合有关方针、政策与管理条例的就拒绝开支。促使企业严格遵守国家规定的财经制度与纪律,按照核定的成本指标有效地控制使用人力、物力和财力。

(二)正确计算产品成本,合理确定饮食产品销售价格

产品成本核算一定要做到及时、正确、完整,否则,所提供的成本资料就不能真实地反映产品成本的实际,就会贻误各方面的工作。尤其是正确计算产品成本是合理核定饮食产品价格的基础,应切实做好这项基础工作。

(三)揭示产品成本升降的因素,寻求合理降低成本的途径

通过成本核算,可以从所取得的实际产品成本资料中,分析产品成本升降的因素,揭示成本变动的规律性,寻求降低成本的合理途径,以促进改善经营管理,提高企业的经济效益。

(四)指导操作投料,保证饮食产品的质量

严格按照核定的成本指标耗用原料,是饮食产品质量的切实保证。坚持成本计划所规定的原料耗用标准和服务程序,促使各生产、经营部门不断提高操作技术和经营服务水平,以进一步提高饮食产品质量和服务质量。

五、学习和做好饮食成本核算工作的要求

成本核算是企业经营管理的一项重要内容,饮食企业

的职工是饮食成本核算的具体操作者和执行者。因此,一定要认真学习,积极做好饮食成本核算工作。其具体要求是:

(一) 思想上提高认识

成本核算是经济核算工作的组成部分,但是,就饮食成本核算来说,它同时也是烹饪技术的一个组成部分,所以饮食品成本的核定,不能没有烹饪技术人员的参与。而要使核定的成本在每一件饮食品中得到精确的体现,尤其有赖于烹饪技术人员在实际操作中的严格掌握。因此,任何只会生产操作,不懂成本核算,不会合理地计算并使用原料的厨师,其业务技术的发展都会受到一定的限制;只有既会操作,又懂核算,能合理选料、用料,制作适合群众需要的价廉物美的饮食产品,才是全面发展的烹饪技术人员。

(二) 学习上扎扎实实

要刻苦学习,真正掌握饮食产品成本的构成要素,了解各个生产、经营环节对饮食成本的影响,明确合理降低饮食成本的途径。要反复运算,切实掌握主料、配料、调料和燃料以至饮食产品的成本核算方法,精通各种毛利率的换算,才能迅速、准确地核定各种饮食产品(包括筵席)的成本和销售价格。

(三) 技术上的精益求精

要做好饮食成本核算工作,必须勤学苦练,提高饮食生产技术与操作水平,严格按照产品成本核定的标准,投放和使用原材料,努力提高原料的净料率,做到一料多用并充分利用下脚料,实现物尽其用,以降低原料成本和节约燃料成本。

（四）制度上严格把关

成本核算和其他各项经营管理制度有着密切的关系，特别是如果购、产、销等制度不健全，成本也就难以核算准确。因此，要做好成本核算工作，必须把它同有关经营管理工作结合起来，严格建立和健全各项规章制度，加强基础工作，如标准化工作、计量工作等，把好关口，堵塞漏洞，确保企业各项经营指标的完成。

思考题

1. 什么是成本？饮食产品的成本构成包括哪些要素？
2. 什么是饮食成本核算？其核算的主要内容是什么？
3. 饮食成本核算具有哪些重要意义？
4. 饮食成本核算应遵循哪些基本原则？
5. 饮食成本核算的任务是什么？
6. 怎样学习和做好饮食成本核算工作？为什么说饮食成本核算是烹饪技术的一个组成部分？

第二章　主料和配料成本核算

主料和配料是构成饮食产品的主体。主、配料成本是产品成本的主要组成部分。所以，要核算产品成本，必须首先从核算主、配料成本做起。

饮食产品的主、配料，一般要经过清理、拣洗、宰杀、拆卸、泡发初熟、半制品等加工处理之后，才能用来配制成品。没有经过加工处理，不能用以直接配制成品的原料称为毛料；经过加工处理，可用来直接配制成品的原料称为净料。

净料是组成单位产品的直接原料，其成本直接构成产品的成本，所以为了计算产品成本，应先算出所耗用的各种净料的成本。净料成本的高低，直接决定着产品成本的高低。影响净料成本的因素，一是原料的购进价格、质量优劣和加工处理前的损耗程度；二是净料率的高低，即加工处理后的净料数量与毛料数量的比率。净料率越高，即从一定数量的毛料中取得的净料越多，它的成本就越低；反之，净料率就越低，即从一定数量的毛料中取得的净料越少，它的成本就越高。

各种原料的购进价格应根据不同批量的进货价格如实分别核算，实在不便分别核算的，应按不同购进数量的比率，进行加权平均，以平均单价核算。

第一节 净料成本的核算

饮食产品的原料在购进时多系毛料,大都要经过清理、拆卸等加工处理才成为净料。根据加工处理过程的不同,毛料转化为净料后其原有数量都将发生相应的变化,一般来说,鲜货原料经过拣洗、拆卸等过程将减少重量;干货原料经过清洗、涨发则会增加重量。随着数量的增减变化,其单位成本也因而发生变化,所以必须按变化情况进行净料单位成本的换算。饮食业中对净料成本一般以100克为单位进行计算。具体计算方法有:一料一档和一料多档以及多渠道采购原料核算净料成本的方法等。

一、一料一档的成本计算方法

所谓一料一档是指原料(毛料)经过加工处理后,只能得到一种净料。一料一档的成本计算方法有下列两种情况:

1. 毛料经过加工处理后,只有一种净料,而没有可以作价利用的下脚料和废料。此种情况,可用毛料总值除以净料重量,即求得净料单位成本。其计算公式是:

$$净料单位成本 = \frac{毛料总值}{净料重量}$$

〔例〕购进竹笋60千克,价款共342元,经过剥壳并切除不能食用的老根之后,得净鲜笋18千克,试求净鲜笋每100克成本是多少元?

解:

$$净鲜笋成本 = \frac{342}{18 \times 10} = 1.90 \ (元/100克)$$

答：净鲜笋每 100 克成本是 1.90 元。

2. 毛料经过加工处理后，只有一种净料，但同时又有可以作价利用的下脚料和废料。此种情况，则必须先从毛料总值中扣除这些下脚料和废料的价款，除以净料重量，即求得净料单位成本。其计算公式是：

$$净料单位成本 = \frac{毛料总值 - 下脚料价款 - 废料价款}{净料重量}$$

〔例〕活鸡一只重 2 千克，每千克进价 18 元，经过宰杀、洗涤，得生光鸡 1.4 千克，下脚料头、爪作价 1.60 元，鸡血 0.25 元，鸡内脏 1.80 元，废料鸡毛、鸡肫皮 0.15 元。试求生光鸡每 100 克成本为多少元？

解：

$$生光鸡成本 = \frac{1.8 \times 2 - 1.60 - 0.25 - 1.80 - 0.15}{1.4 \times 10}$$

$$= 2.30（元/100 克）$$

答：生光鸡每 100 克成本为 2.30 元。

二、一料多档的成本计算方法

所谓一料多档是指原料（毛料）经过加工处理后，得到一种以上（即多种）的净料，那就应当分别计算每一种净料的成本。一料多档的成本计算方法有以下几种情况：

1. 在一料多档中，如果各种净料的单位成本都是从来没有计算过的，则可根据各种净料的质量，本着按质论价的原则，并参照市场行情，逐一确定它的单位成本，并一定要保持各档成本之和（各种净料成本之和）等于进货总值。

用公式表示为：

净料（1）总值+净料（2）总值+……净料（n）总值

=一料多档的总值（进货总值）

〔例〕购进带皮带骨猪肉 25 千克，每千克 20 元，共计 500 元。经拆卸分档，得到精肉 12.3 千克，肉皮 1.8 千克，汤骨 2.2 千克，碎肉 2.5 千克，壮膘 6 千克，损耗 0.2 千克。根据质量并参照市场行情分别确定各档净料的单位（千克）成本是：精肉 28 元，肉皮 6 元，汤骨 5 元，碎肉 18 元，壮膘 14.8 元。

代入计算公式，即：
$12.3 \times 28 + 1.8 \times 6 + 2.2 \times 5 + 2.5 \times 18 + 6 \times 14.8 = 500$（元）（毛料总值）

2. 在一料多档中，如果有些档的净料单位成本是已知的，有些是未知的；则可先把已知的那部分净料总成本算出来，从毛料的进货总值中扣除，然后根据未知的净料质量与市场行情，逐一确定其单位成本。

〔例〕光统鸭一批 88 千克，每千克进价 16 元，共计 1408 元，经整理拆卸分档得到鸭肉（包括鸭腿、鸭翅等） 43 千克，鸭壳 30 千克，头、爪 11 千克，胗肝 4 千克。现已知鸭壳每千克 8 元，鸭头、爪每千克 12 元，需要计算鸭肉和鸭胗肝的成本时，则可先将鸭壳、鸭头爪的成本总额算出来，从光统鸭进货总值中扣除这部分价款，在扣除后的总值范围内（即 $1408 - 30 \times 8 - 11 \times 12 = 1036$ 元）依据净料质量和市场行情，逐一确定鸭肉和鸭胗肝的单位成本。同时，也一定要保持各档净料成本之和等于进货总值。

3. 在一料多档中，如果只有一种净料的单位成本需要测算，其他净料成本都是已知的，则可先把这些已知的净料总成本算出来，从毛料的进货总值中扣除后，再按 100 克为单位计算推测净料的成本。

其计算公式是：

$$\text{净料成本} = \frac{\text{毛料总值} - \text{其他各档价款总和}}{\text{净料重量}}$$

（注：毛料在整理加工过程中，如果有可作价的下脚料和废料，可视同一档原料处理。）

〔例〕青鱼一条重 4.5 千克，每千克 12 元。经过宰杀、去鳞、鳃、内脏，得鱼头、尾 1.3 千克（每千克作价 8 元），中段 2.5 千克，鱼籽等作价 1.6 元，求鱼中段每 100 克的成本是多少元？

解：

$$\text{鱼中段成本} = \frac{4.5 \times 12 - (1.3 \times 8 + 1.6)}{2.5 \times 10} = \frac{42}{25}$$

$$= 1.68 \text{（元/100 克）}$$

答：鱼中段每 100 克的成本为 1.68 元。

4. 在一料多档中，如果所有各档净料单位成本都是已知的，但按已知单价计算的各档成本总和与毛料总值不符，出现差额时，则应对净料的已知单价作出调整，将差额数分摊到各档价值中去。

其计算公式是：

毛料总值差额 = 毛料总值 − 各档价值总和 − 下脚料和废料价款

$$\text{调整后的净料单价} = \text{原净料单价} + \frac{\text{毛料总值差额}}{\text{各档净料数量总和}}$$

（注：净料单价即为净料单位成本）

$$\text{净料成本总值} = \frac{\text{本档原价格总值} + \text{毛料总值差额}}{} \times \frac{\text{本档净料数量}}{\text{各档净料数量总和}}$$

〔例〕购进带皮带骨猪肉 50 千克，每千克 20 元，共计

1000元。经过拆卸分档,得到精肉18.5千克,碎肉4千克,壮膘15千克,板油2千克,肉皮3千克,汤骨7千克,拆卸中损耗0.5千克。已知市场现行的各档单价(千克)为:精肉28元,碎肉18元,壮膘16元,板油22元,肉皮6元,汤骨5元,试计算各档净料单位(千克)的实际成本应为多少元?各档净料的成本总值应为多少元?

解:计算程序如下:

(1) 计算毛料总值差额

毛料总值差额 = 1000 − (18.5×28+4×18+15×16+2×22) − (3×6+7×5)

= 1000−874−53 = 73(元)

(2) 计算应分摊毛料总值差额的原料数量

在一般情况下肉皮、汤骨等下脚料均不分摊差额,故本例分摊差额的原料数量,应为精肉、碎肉、壮膘、板油数量之和。即:

应摊差额原料数量 = 18.5+4+15+2 = 39.5(千克)

(3) 计算调整后的净料单位成本

精肉单位成本 = $28+\dfrac{73}{39.5}$ = 29.85(元/千克)

碎肉单位成本 = $18+\dfrac{73}{39.5}$ = 19.85(元/千克)

壮膘单位成本 = $16+\dfrac{73}{39.5}$ = 17.85(元/千克)

板油单位成本 = $22+\dfrac{73}{39.5}$ = 23.85(元/千克)

(4) 计算净料成本总值

精肉成本总值 = $18.5×28+73×\dfrac{18.5}{39.5}$ = 552.19(元)

碎肉成本总值 $= 4\times 18+73\times \dfrac{4}{39.5}=79.40$ （元）

壮膘成本总值 $= 15\times 16+73\times \dfrac{15}{39.5}=267.72$ （元）

板油成本总值 $= 2\times 22+73\times \dfrac{2}{39.5}=47.70$ （元）

肉皮成本总值 $=3\times 6=18$ （元）

汤骨成本总值 $=7\times 5=35$ （元）

按以上方法计算，可能与毛料总值之间仍有小额的"尾数差"，对此，不必再度计算找齐，以求出的各档净料单位成本额即可。

三、多渠道、多批量采购原料的成本计算方法

随着社会主义市场经济的发展，饮食企业普遍都是实行多渠道、多批量的采购原材料。对于同一种原材料来说，由于其供货单位和批量的不同，所购原料的价格也往往是不尽相同的，这就要运用加权平均法计算该种原料的平均成本。凡在外地区采购的原料，还应将其所支付的运输费列入成本计算。

〔例〕某餐厅向肉联厂购进红肠 50 千克，每千克进价 18.60 元，同时又在集贸市场购进红肠 75 千克，每千克 18.20 元，试计算红肠每千克平均成本是多少元？

解：

$$红肠平均单位成本 = \dfrac{50\times 18.6+75\times 18.2}{50+75}$$

$$= 18.36 （元/千克）$$

答：红肠平均每千克成本是 18.36 元。

〔例〕某酒店从外地采购一批生光鸭计 540 千克，每千克进价 15.60 元，开支运输费 268 元，途中损耗 1%，（在

合理损耗幅度之内），试计算生光鸭每千克的成本是多少元？

解：

$$\text{生光鸭单位成本} = \frac{540 \times 15.6 + 268}{540 - (540 \times 1\%)} = 16.26 \text{（元／千克）}$$

答：生光鸭每千克成本是 16.26 元。

四、应用成本系数的成本计算方法

成本系数是指某种原料经初步加工整理和核算后，所得净料的单位成本与毛料单位成本之比。

即：

$$\text{成本系数} = \frac{\text{净料单位成本}}{\text{毛料单位成本}}$$

运用成本系数，在已知进货单位成本亦即毛料单位成本的情况下，能方便、迅速、准确的计算出净料单位成本。其计算公式为：

净料单位成本 = 毛料单位成本 × 成本系数

成本系数尤其适用于某些主料、配料的市场价格经常上涨或下跌，需要不断重新计算变动中的净料单位成本，可以有效地简化计算过程，节省工作时间。

如鲜鱼进价为 20 元／千克，经整理初加工后，核定其净鱼的单位成本为 26 元／千克，则净鱼的成本系数即为：

$$26 \div 20 = 1.3$$

如果鲜鱼的进价上涨至每千克 30 元，那么计算该原料涨价后的净料单位成本时，仅需以毛料新进价乘以成本系数便可算得。即：

$$30 \times 1.3 = 39 \text{ 元／千克}$$

成本系数还可用于原料进货价格变化时，计算主料、配料每份投料量的新成本,此时称为份额成本系数。例如红烧鸡翅中每份投料量为鸡翅250克,该原料进价每千克28元,每份投料量成本为:

$$28\times0.25=7（元）$$

则份额成本系数为:

$$7\div28=0.25$$

如果该原料进价上涨至每千克36元,那么每份投料量的新成本可用同样的方法算得为:

$$36\times0.25=9（元）$$

第二节 净料成本核算的分类

净料可根据其清理拆卸的方法和加工处理程度的不同,而分为生料、半制品和熟品三类。其单位成本各有不同的核算方法。

一、生料成本的核算

生料是各种原料（毛料）只经过拣洗、宰杀、拆卸等加工处理,而没有经过任何半制或成熟处理所得的净料。计算生料单位成本,是核算饮食产品成本的重要步骤。其核算的程序是:

1. 计算原料（毛料）进货总值；
2. 拆卸毛料：分清净料、下脚料和废料；
3. 称量生料重量；
4. 分别确定下脚料、废料的重量与价格,并计算其总值；
5. 核算生料单位成本。

生料单位成本的计算公式为:

生料单位成本 = $\dfrac{\text{毛料总值} - \text{下脚料总值} - \text{废料总值}}{\text{生料重量}}$

〔例〕某餐馆购进去骨猪肉 6.7 千克,每千克 20 元,经过拆卸处理后,得肉皮 0.8 千克,每千克 6 元,试求净肉每 100 克的成本为多少元?

解:第一步,分别计算相关的数据资料:

毛料总值 = 6.7×20 = 134（元）

肉皮总值 = 0.8×6 = 4.8（元）

生料重量 = 6.7 − 0.8 = 5.9（元）

第二步,代入计算公式:

净肉单位成本 =（134 − 4.8）÷5.9×10 = 2.19（元/100 克）

答:每 100 克净肉的成本是 2.19 元。

二、半制品成本的核算

半制品是指原料经过初步熟处理,但还没有完全加工成为成品的净料。根据其加工方法的不同,又可分为无味半制品和调味半制品两种。不言而喻,调味半制品的成本要高于无味半制品的成本。大部分饮食原料在加工生产过程都需要经过半制品过程,所以,半制品成本核算是主、配料成本核算的一个重要方面。

1. 无味半制品成本核算。无味半制品又称水煮半制品,它包括的范围很广,如经过焯水的蔬菜和经过初步熟处理的肉类等,都属于无味半制品。

无味半制品的单位成本计算公式为:

$\dfrac{\text{无味半制品}}{\text{单位成本}} = \dfrac{\text{毛料总值} - \text{下脚料总值} - \text{废料总值} + \text{燃料总值}}{\text{无味半制品重量}}$

〔例〕购进五花肉 2 千克,单价 20 元,经过用水白煮后失重 30%,白煮过程耗用燃料费 0.2 元,试计算白煮肉每100克的成本为多少元?

解：第一步，分别计算相关的数量和总值：

毛料总值=2×20=40（元）

下脚料、废料总值=0（五花肉白煮中无下脚料和废料）

无味半制品重量=2×（1-30%）=1.4（千克）

第二步，代入计算公式：

白煮肉单位成本=（40-0+0.2）÷1.4×10=2.84（元/100克）

答：白煮肉每100克成本为2.84元。

2. 调味半制品成本核算。调味半制品即加放调味品的半制品，如鱼丸、肉丸、油发肉皮等。构成调味半制品的成本，不仅有原料的价值，还要加上调味品成本和燃料费，所以其成本计算公式为：

$$\text{调味半制品单位成本} = \frac{\text{毛料总值} - \text{下脚、废料总值} + \text{调味品总值} + \text{燃料总值}}{\text{调味半制品重量}}$$

〔例〕干肉皮1千克用油炸、水泡，发成3千克（干肉皮油炸后又用水浸泡，故重量增加），在油发过程中耗油200克，耗燃料1元，已知干肉皮每千克进价为6元，油每千克进价16元，求油发肉皮每100克的成本为多少元?

解：将数值代入计算公式：

（1×6-0+0.2×16+1）÷（3×10）=0.34（元）

答：油发肉皮每100克成本为0.34元。

〔例〕购鲜鱼一条计3.5千克，每千克14元，剖洗加工分档：鳞鳃肠肚等废料占20%，鱼头尾、鱼盔占40%（共折价7元），还有40%的净料可以加工成鱼茸。制作鱼丸的原料配比是：每千克鱼茸须加猪油100克（猪油每千克20元），蛋清4个（每个0.30元），料酒50克（每千克

8元),淀粉100克(每千克5元),须加复合味精等调料适量(计价款1.6元),还须耗用燃料适量(计价款2元)。现将该鱼所加工的全部鱼茸制成鱼丸200个,试计算平均每个鱼丸的成本为多少元?

解:第一步,分别计算各种原料的数量和价款。

毛料总值=3.5×14=49(元)

下脚料、废料总值=7(元)

鱼茸数量=3.5×40%=1.4(千克)

用猪油数量=0.1×1.4=0.14(千克)

用猪油成本=0.14×20=2.8(元)

用蛋清数量=4×1.4=5.6(个)

用蛋清成本=5.6×0.3=1.68(元)

用料酒数量=0.05×1.4=0.07(千克)

用料酒成本=0.07×8.00=0.56(元)

用淀粉数量=0.1×1.4=0.14(千克)

用淀粉成本=0.14×5.00=0.70(元)

用味精等调料成本=1.6×1.4=2.24(元)

用燃料成本=2×1.4=2.8(元)

第二步,将上列各项数字代入计算公式:

$$\frac{49-7+2.8+1.68+0.56+0.70+2.24+2.8}{200}=0.26(元／个)$$

答:鱼丸平均每个成本是0.26元。

以上对于调味成本是按项逐一核算的,比较麻烦。如果我们分类掌握其调味品的标准成本,则只要把无味半制品成本算出,然后加上其单位重量的调味品成本就行了。一般说,只要各种调味品进价不变,单位调味品成本都可依此法核算。通过实验测算出的标准单位成本,在产品规格或主配调料、燃料进货价格发生变动时,必须及时作出相应的调整,以免发生差误。

三、熟品成本的核算

熟品也称制成品,多系卤味品,它由卤、熏、拌、煮等方法加工而成,可以用作冷盘菜肴的制成品。其成本结构与调味半制品类似,由主、配料成本和调味品成本及燃料成本构成。熟品单位成本的计算公式为:

$$熟品单位成本 = \frac{毛料总值 - 下脚料废料总值 + 调味品总值 + 燃料总值}{熟品重量}$$

由以上公式可以看出熟品与调味半制品成本计算的方法相似,由于对熟品中的调味品成本和燃料成本多采用估算方法,所以熟品单位成本的计算也可以采用下列公式:

熟品单位成本=(毛料总值-下脚料、废料总值)÷熟品重量+调味成本÷熟品重量+燃料成本÷熟品重量

〔例〕青鱼一条重2千克,每千克进价14元,经剖洗加工,得下脚料鱼杂等可作价2.4元,其净鱼全部熏制,得熏鱼1.4千克,在熏制过程耗用油盐酱醋等调料3.2元,耗用燃料1元,试求熏鱼每100克的成本为多少元?

解:第一步,分别计算各料价款:

青鱼总值=2×14=28(元)

下脚料鱼杂总值=2.4(元)

耗调料总值=3.2(元)

耗燃料总值=1(元)

熏鱼净重=1.4(千克)

第二步,代入计算公式:

$$\frac{(2.8-2.4)+3.2+1}{1.4×10} = 2.13 (元/100克)$$

答:熏鱼每100克的成本是2.13元。

第三节　净料率及其应用

从主、配料成本核算的基本方法可以看出，不论哪一种主、配料，要计算其成本，首先必须知道其拆卸、半制和熟处理后的重量，否则就不可能计算出它的单位成本。但是，不论规模大小的饮食企业，每天购进原材料的品种和数量都很多，对于原料处理后的净重，不可能每一样都过秤称重，否则，工作量就太大了。饮食行业在长期实践中总结出一条规律，就是在原料的规格质量大体相同，原料加工处理技术水平类似的情况下，原料的净料重量和毛料重量之间，通常保持有一个稳定的比率关系，应用这个比率可以直接计算出净料重量，这就比逐一向过秤称重方便得多。

一、净料率及其计算方法

所谓净料率，就是净料重量与毛料重量的比率。其计算公式为：

$$净料率 = \frac{净料重量}{毛料重量} \times 100\%$$

净料率以百分数表示，饮食行业师傅也有习惯于用"折"或"成"来表示的。

〔**例**〕购进活鸡一只，重量 2 千克，经宰杀、去毛、除内脏、洗涤等处理后，得生光鸡 1.4 千克，试计算生光鸡的净料率为多少？

解：代入计算公式：

$$\frac{1.4}{2} \times 100\% = 70\%$$

答：生光鸡的净料率为 70%。

净料率在饮食业中又称为拆卸率,按习惯用语,就是指将毛料数量折为净料数量多少,也有的用几折或几成表示。拆卸率这个概念不够全面,因为拆卸仅是净料处理的一种方式,而净料率所包含的是清理、拣洗、宰杀、拆卸、泡发等所有各种净料处理方式。

如前所述,净料可分为生料、半制品和熟品三类,相应地净料率也有生料率、半制品率和熟品率三种称谓,但其计算公式则是完全相同的。

与净料率相对应的是损耗率,也就是毛料在加工处理中所损耗的重量与毛料重量的比率。其计算公式为:

$$损耗率 = \frac{损耗重量}{毛料重量} \times 100\%$$

从以上二个计算公式可知:

损耗重量+净料重量=毛料重量

损耗率+净料率=100%

二、净料率的应用

1. 利用净料率可直接根据毛料的重量,计算出净料的重量。其计算公式为:

$$毛料重量 \times 净料率 = 净料重量$$

利用公式计算出净料数量,进而计算净料的单位成本就容易了。

〔例〕某餐馆购进带皮猪肉10千克,单价18元,经过清理拆卸得下脚料猪皮外均为净肉,已知其净料率为89%,试计算取得的净肉数量为多少?已知猪皮每千克的市场价格为6元,试计算净肉每100克的成本为多少元?

解:根据净料数量计算公式,可得:

净肉重量=10×89%=8.9(千克)

肉皮重量=10−8.9=1.1(千克)

代入净料成本计算公式,得净肉每100克成本是:

(10×18−1.1×6)÷(8.9×10)=1.95(元/100克)

答:净肉每100克成本为1.95元。

2. 利用净料率还可以根据净料的数量,计算出毛料的数量。其计算公式为:

净料数量÷净料率=毛料数量

〔**例**〕制作爆腰花10份,每份耗净猪腰150克,其猪腰净料率为75%,试计算需要采购鲜猪腰多少千克?

解:代入计算公式:

10×0.15÷75%=2(千克)

答:需要采购鲜猪腰2千克。

根据净料的应耗数量,利用净料率可以方便的计算出所需的毛料数量。这也是饮食业日常工作中,根据生产供应任务计算原料(毛料)需要量,以便及时准确地采购原材料所经常运用的方法。

3. 利用净料率还可以直接将毛料成本单价换算为净料成本单价(适用于在毛料加工处理过程中,不产生可以作价的下脚料和废料),这就更方便了各种主、配料成本的计算。其计算公式为:

净料单价=毛料单价÷净料率

〔**例**〕鲜鱼每千克16元,剖洗整理后剁成鱼块,其净料率为80%,在加工整理过程,没有产生可以作价的下脚料和废料,试计算净鱼块每千克成本应为多少元?

解:根据题意分析,符合第3个计算公式所适用的范围,可直接代入计算公式:

16÷80%=20(元)

答:净鱼块每千克成本为20元。

三、精确掌握净料率的重要性

应用净料率能使我们方便、快捷地计算净料成本,净料率的大小直接关系到净料成本的高低,所以掌握净料率的精确度是成本核算中的关键问题。原料(毛料)具有的规格质量和净料处理技术水平是决定净料率的两大因素,这两大因素一有变化,必将引起净料率的相应变化。同一品种的同一种规格质量的原料,由于净料处理加工操作者的技术水平不同,净料率就不可能完全一致。同样,净料处理者的技术水平相同,但原料的规格质量不同,净料率也肯定不一样。在具体工作中,绝不能用一种技术情况下的净料率来代表一般技术情况下的净料率,也不能用某一种规格质量的净料率来代表同一品种的一般规格质量的净料率。

除了加工处理者的技术水平这一因素外,原料的净料率一般要受品种质量、规格、产地、季节等诸多因素的影响。例如公鸡和母鸡、大鸡和小鸡的净料率都不一样。蔬菜也是如此,例如竹笋在一月份时的净料率不高于20%,但在二月份可达到30%,三月份则可高达37%。因此,对净料率的测算,必须从实际出发,实事求是,认真负责,尽可能符合实际,以保证成本核算的正确。

净料率是核算饮食产品成本的重要工具,掌握了它,可给我们在进行成本核算时带来许多方便。所以,熟悉和掌握一些常见主、配料的净料率,对于学习饮食成本核算的人来说,有着十分重要的意义。

现将在一般情况下,各种常见主、配料的净料率,按蔬菜、肉类、水产、禽蛋、干货五大类汇总列表,如表2-1、表2-2、表2-3、表2-4、表2-5所示,供大家在操作实践和核算成本时参考。

思考题

1. 什么是一料多档？为什么一定要保持各档成本之和等于进货总值？

2. 什么是毛料和净料？如何计算净料率？

3. 什么是成本系数？如何应用成本系数计算主、配料单位成本？

4. 什么是生料、半制品和熟品？怎样计算其单位成本？

5. 掌握净料率的重要意义是什么？如何运用净料率计算耗用的原料数量与差额？

6. 为什么说净料率是核算饮食产品成本的重要工具？如何掌握好这个重要工具？

表 2-1　　　　　　　　　蔬菜类原料净率参考表

毛料品种	净料处理项目	净料品名	净料率%	下脚、废料损耗等占毛料%
丝瓜	刨皮、去籽、洗涤	净丝瓜	55	45
大黄瓜	同上	净黄瓜	65	35
小黄瓜	同上	净黄瓜	75	25
冬瓜、南瓜、笋瓜	同上	净瓜	75	25
瓠子	同上	净瓠瓜	70	30
葫芦	同上	净葫芦	70	30
茄子	去头、洗涤	净茄子	90	10
刀豆	去尖头、除筋、洗涤	净刀豆	90	10
蚕豆、毛豆	去壳	净豆米	30~40	60~70
毛豆	剪尖头	去尖带壳毛豆	90	10
豇豆	去头、洗涤	净豇豆	90	10
带壳茭白	剥壳、刨皮、洗涤	净茭白	50	50
无壳茭白	刨皮、洗涤	净茭白	80	20
带叶莴苣	去叶、削皮、洗涤	净莴苣	40	60
无叶莴苣	削皮、洗涤	净莴苣	60	40
刚上市春笋	剥壳、除老根	净春笋	19	81
时令春笋	同上	净春笋	31~37	63~69
刚上市冬笋	同上	净冬笋	25	75
时令冬笋	同上	净冬笋	31~37	63~69
白菜、菠菜、芥菜	除去老叶、根、洗涤	净菜	80	20
白菜	除去叶、根、洗涤	白菜帮	50	50

续表

毛料品种	净料处理项目	净料		下脚、废料损耗等占毛料%
		品名	净料率%	
白菜	除去外叶、根、邦、洗涤	白菜心	38	62
卷心菜	除去老叶、蔸、洗涤	净卷心菜	70	30
卷心菜	除去老叶、蔸、梗、洗涤	卷心菜叶	50	50
芹菜	除去老叶、根、洗涤	净芹菜	70	30
豌豆苗	拣除嫩头、洗涤	净豆苗	50	50
青椒、红椒	去根、籽、洗涤	净椒	70	30
菜花	去叶、去梗、洗涤	净菜花	80	20
大葱、小葱	去老皮、根、洗涤	净葱	70	30
元葱	同上	净元葱	80	20
大蒜	同上	净蒜	70	30
蒜苗	去头、洗涤	净蒜苗	80	20
菜苔	去老叶、老梗、洗涤	净菜薹	80	20
山药	削皮、洗涤	净山药	66	34
莲藕	同上	净藕	75	25
红、白萝卜	同上	净红白萝卜	80	20
土豆	同上	净土豆	80	20
芋头	去皮、洗涤	净芋头	80	20
红苕	同上	净红苕	80	20
苤蓝头	同上	净苤蓝头	70	30
荸荠	同上	净荸荠	60	40
蕃茄	去蒂、洗涤	净番茄	90	10

表 2-2　　　　　　　　肉类原料净料率参考表

毛料品种	净料处理项目	净料 品名	净料率%	下脚、废料损耗等占毛料%
片 猪	拆卸分档	方 肉	36	
		后 腿	30	
		前 腿	34	
方 肉	拆卸分档	奶 面	54	损耗 1
		带皮大排	33	
		碎 肉	12	
后 腿	拆卸分档	后 蹄	12	损耗 1
		带骨腿肉	87	
前 腿	拆卸分档	前 蹄	11	损耗 1
		小 排	10	
		带骨夹心	78	
带骨腿肉	拆卸分档	汤 骨	8.6	损耗 1
		肉 皮	6.3	
		精 肉	51	
		碎 肉	9.3	
		壮 膘	23.8	
带骨夹心	拆卸分档	汤 骨	2.7	损耗 1
		肉 皮	2.3	
		精肉壮膘	71.5	
		碎 肉	8.1	
		血脖肉	14.4	
出骨腿肉	拆卸分档	肉 皮	11	损耗 1
		纯精肉	23	
		一般精肉	54	
		肥 膘	11	

续表

毛料品种	净料处理项目	净料 品名	净料率%	下脚、废料损耗等占毛料%
出骨夹心	拆卸分档	肉 皮	11	损耗1
		一般精肉	58	
		小 排	14	
		肥 膘	16	
出骨腿肉	煮熟(带皮)	白切肉	65	加热损耗35
出骨夹心	烤熟(去皮)	叉 烧	50	加热损耗50
小 排	烧熟加糖醋	糖醋小排	75	加热损耗25
大 排	去皮、去血水	净 排	90	损耗10
猪 头	煮熟出骨	熟头肉	56	去骨、加热损耗44
猪 肝	去筋、去血水、去胆	净 肝	90	损耗10
	煮 熟	熟 肝	50	损耗50
猪 心	去心、耳根	净猪心	90	损耗10
	煮 熟	熟猪心	63	损耗37
猪 肺	烫 熟	熟 肺	50	损耗50
	煮 烂	烂熟肺	30	损耗70
猪 肚	煮 熟	熟 肚	66	损耗34
	煮 烂	烂熟肚	55	损耗45
猪 腰	去筋、去血水、去腰骚	净 腰	75	损耗25
	去筋、去血水、煮烂	熟 腰	33	加热损耗67
猪大肠	洗涤、煮烂	熟大肠	28	加热损耗72

续表

毛料品种	净料处理项目	净料 品名	净料率%	下脚、废料损耗等占毛料%
猪直肠	同上	熟直肠	33	加热损耗67
猪脚	去爪壳、洗涤	净猪脚	80	加热损耗20
猪板油	加热炼油	熟猪油	85	加热损耗15
猪花油	同上	熟猪油	70	加热损耗30
牛肉	去筋、煨熟	熟牛肉	50~55	加热损耗45~50
牛肉	去筋、卤烂	卤牛肉	40~50	加热损耗55~60
活兔	宰杀、剥皮、去内脏	净兔	70	损耗30
兔肉	卤烂	卤兔肉	60	损耗40
羊肉	去筋、煮熟	白切羊肉	60	损耗40
	去筋、煮熟、卤冻	带冻羊羹	85	损耗15
牛心	去筋、煮熟	熟牛心	55	损耗45
牛舌	去筋、煮熟	熟牛舌	55	损耗45
牛肝	去筋、煮熟	熟牛肝	60	损耗40
牛尾	去筋、煮熟	熟牛尾	60	损耗40
牛肚	去筋、煮熟	熟牛肚	70	损耗30
猪肚	取肚尖	净猪肚尖	9	猪肚等91
猪舌	去筋、洗涤	净猪舌	90	损耗10
	去筋、煮熟	熟猪舌	55	损耗45

表 2-3　　　　　　　水产类原料净料率参考表

毛料品种	净料处理项目	净料品名	净料率%	下脚、废料损耗等占毛料%
鲭鱼、鲤鱼、鲢鱼、鲫鱼、鳜鱼、大黄鱼、小黄鱼	宰杀,去鳞、鳃、内脏,洗涤	净全鱼	80	内脏等 20
	宰杀,去鳞、鳃、内脏,洗涤剁块	净鱼块	75	内脏等 25
	宰杀,去鳞、鳃、内脏,洗涤,油炸	炸全鱼	55	加热等损耗 45
鲭鱼、鲤鱼	拉片	净鱼片	35	鱼皮鱼盎等 65
桂鱼	拉片	净鱼片	40	鱼皮鱼盎等 60
才鱼	拉片	净鱼片	43	鱼皮鱼盎等 57
鲢鱼	拉片	净鱼片	30	鱼皮鱼盎等 70
净鲭、鲤、鲫鱼	炸熟、糖醋	熏鱼	65	鱼皮鱼盎等 35
净敢鱼	剁鱼茸	净鱼茸	40	鱼皮鱼盎等 60
活鳝鱼	宰杀,去头、尾、肠、血	鳝段	62	内脏等 38
	宰杀,去头、尾、肠、血、骨	鳝丝	50	内脏等 50
活甲鱼	宰杀,剥壳,除内脏等煮熟	熟甲鱼	60	内脏等 40
海鳗	宰杀,去内脏,洗涤	净鱼	86	内脏等 14
目鱼	宰杀,去内脏、皮、骨,洗涤	净鱼	59	内脏等 41
梅子鱼	宰杀,去鳞、鳃、内脏、头	无头净鱼	60	内脏等 40
鲳鱼	同上	无头净鱼	80	内脏等 20

续表

毛料品种	净料处理项目	净料 品名	净料率%	下脚、废料损耗等占毛料%
带鱼	同上	无头净鱼	74	内脏等26
鲨鱼	宰杀、退沙、去头、尾、内脏	中段鲨鱼	50	内脏等50
烤仔鱼	宰杀,去鳞、鳃、头、内脏	净鱼	76	内脏等24
马鲛鱼	宰杀,去鳞鳃、内脏	净鱼	76	鱼皮鱼盔等24
海鲛、黄鳝鲨鱼、米鱼	宰杀,去头尾、肠、骨、皮	净鱼肉	37~47	鱼皮鱼盔等53~63
虾子	去须脚	净虾	80	虾须虾脚等20
虾子	去须脚,油炸,糖醋	油虾	65	虾须虾脚等35
虾子	去须脚、壳	虾仁	30~34	虾须虾脚等66~70
螃蟹	除壳、鳃、内脏	蟹肉蟹黄	25~35	蟹壳内脏等65~75
蛏子	洗净,去壳	蛏肉	50	杂物蛏壳等50
蚶子	去净泥沙	净蚶肉	90	杂物泥沙等10
蛤蜊	洗净,去壳	蛤蜊肉	62	杂物蛤壳等38
江蚶	洗净泥壳、内脏	蚶粉	30	损耗70
河蚶	洗净泥壳、内脏	蚶粉	38	损耗62
乌龟	去壳、内脏、洗涤	八卦肉	75	损耗25

表 2-4　　　　　　　　禽蛋类原料净料率参考表

毛料品种	净料处理项目	净　　料		下脚、废料损耗等占毛料%
		品　名	净料率%	
活母鸡 (1.75千克~ 2.25千克)	宰杀分档	净鸡	70	13
		肫	7	
		肝、心	3	
		油	2.5	
		肠	2	
		脚	2.5	
活公鸡 (1.75千克~ 2.25千克)	宰杀分档	净鸡	67	15
		肫	7	
		肝、心	4	
		腰、丸	1.3	
		肠	2.7	
		脚	3	
光统鸡	整理分档	净鸡	88	12
		其中　鸡肉	43	
		鸡壳	30	
		头脚	11	
		肫肝	4	
毛统鸡	宰杀,除头爪、骨、翅、内脏	鸡　丝	32	68
	宰杀,除头爪、骨、翅、内脏	鸡　块	50	50
	同上并煮熟	白　鸡	49~55	45~51
毛鸡	宰杀,去头、脚、内脏	净　鸡	62	38

39

续表

毛料品种	净料处理项目	净料		下脚、废料损耗等占毛料%
		品 名	净料率%	
光 鸡	整理分档	净鸡	94	6
		其中 肫	5	
		心、肝	3	
		肠	3	
		脚	8	
		带骨鸡肉	75	
光 鸭	挂炉	挂炉鸭	55~60	制热损耗40~45
	煮熟	酱 鸭	60	制热损耗40
		卤 鸭	60	制热损耗40
		盐水鸭	56	制热损耗44
		糟鸭(带卤)	63	制热损耗37
鸭 肫	去黄皮垃圾	净 肫	85	损耗15
	去黄皮肫皮	去皮肫	65	损耗35
	煮熟(带肫皮)	卤肫	68	制热损耗32
	煮 熟	盐水肫	44	制热损耗56
光 鸭	整鸭出骨	净 肉	58	损耗42
鸡、鸭肝心	去血筋、血水	净肝心	71~80	损耗20~29
鸡鸭蛋	去壳分档	蛋 清	58	损耗12
		蛋 黄	30	
野鸡、野鸭	宰 杀	净野鸡、野鸭	75	损耗25
獐 鸡	宰 杀	净獐鸡	65	损耗35
净野鸡、野鸭	卤 熟	卤野鸡、野鸭	60	制热损耗40

表 2-5　　　　　　　　　干货类原料净率参考表

毛料品种	净料处理项目	净料		下脚、废料损耗等占毛料%
		品　名	净料率%	
干蘑菇	拣洗泡发	水发蘑菇	200~300	
黄花菜	拣洗泡发	水发黄花菜	200~400	
竹　笋	拣洗泡发	水发竹笋	300~800	
冬　菇	拣洗泡发	水发冬菇	250~350	
香　菇	拣洗泡发	水发香菇	200~300	
黑木耳	拣洗泡发	水发黑木耳	500~1000	
笋　干	拣洗泡发	水发笋	400~500	
玉兰片	拣洗泡发	水发玉兰片	250~350	
银　耳	拣洗泡发	水发银耳	400~800	
干肉皮	油氽水发挤干	水发肉皮	300~450	
干蹄筋	油氽水发挤干	水发蹄筋	300~450	
干鱼肚	油氽水发挤干	水发鱼肚	300~450	
鱼　翅	拣洗泡发	净水鱼翅	150~200	
刺　参	拣洗泡发	净水刺参	400~500	
干　贝	拣洗泡发	净水干贝	200~250	
海　米	拣洗泡发	净水海米	200~250	
蜇　头	拣洗泡发	净蜇头	130	
海　带	拣洗泡发	净水海带	500	
粉　条	拣洗泡发	湿粉条	350	
带壳花生	去壳衣	花生仁	70	30
带壳白果	去壳衣芯	白果仁	60	40
带壳栗子	去壳衣	净栗子	63	37

第三章 调味品和燃料成本核算

调味品是构成饮食产品的重要组成部分,燃料是生产制作饮食产品中不可缺少的要素,其成本都是饮食产品成本的组成部分。因此,要精确地计算饮食产品的成本,就必须精确地计算调味品和燃料的成本。

第一节 调味品成本核算的意义与特点

一、调味品成本核算的意义

我国的饮食产品历来比较讲究色、香、味、形,其中尤其强调以味为本。饮食产品丰富多样的鲜美滋味,除了来自主、配料本身具有的滋味外,很大一部分来自各种各样的调味品。所以,除了作为主食的米饭和馒头不用调味品外,不论菜肴还是点心,几乎都要耗用很多种类的调味品。在每一个单位制品里,虽然各种调味品的用量都较少,在成本中所占的比重也不很大,但从整个饮食企业产品总量来看,所耗用和各种调味品用量及其成本却是十分可观的,传统的油、盐、酱、醋、胡椒、味精等调料,在饮食企业所耗用原料的总值中占有相当的比重。而且,随着复合调料的迅速发展,天然风味调料的开发利用,保健调料的兴起,以及新科技在调料中的应用,将使得调味品的种类更加丰富多样,调味品的质量将有全面提高,调味品成本在饮食产品成本中的比重亦将趋向增大。

在某些特殊的菜肴里,调味品用量相当多,在产品成本中反而大大超过主要原料。例如,一份"淋辣豆腐",总成本为4.50元,其主料只是两块豆腐,成本0.54元即够,只占整个成本的12%,而辅助材料和调味品的成本却需3.96元,占整个成本的88%。又如,一份"奶油菜芯",其主料只是250克菜芯,成本0.85元,但调味品和奶油等的成本却多至4元,也占着整个成本的80%以上。由此可见,尽管在人们印象中调味品的耗用是微量的,但其成本却不是微量的,而是占有相当的比重,是关系到成本核算精确度的重要因素。因此,要精确核算饮食产品成本,必须同样认真地做好调味品的成本核算工作。

二、调味品成本核算的特点

用于饮食品的调味品种类很多,但每一个单位产品中的耗用量则较少,有的甚至很细微。因此,使用时不能像主、配料那样,事先可以按质定量称好,而只能在极短时间内,以很快的速度随取随use。故单位产品的调味品成本,实际上是在对有代表性的饮食品进行试验和测算的基础上估算的平均值。但是,调味品成本即使估算得比较准确,而在实际操作中,用量也往往由于操作人员的技术水平不同等原因而有所出入。所以,调味品成本在饮食产品成本中是一个较为不稳定的因素。这就要求每一个烹饪人员精通业务,熟悉各种产品的调味品用量标准,了解各种调味品的规格、质量和价格,并能根据各种调味品在容器中所占部位的大小掌握其实际用量。

三、单一调味品和复合调味品

由一种物质构成,只具有一种味道的调味品,如具有甜味的糖，具有咸味的盐，具有鲜味的味精等，一般都称为单一调味品。调味品的纯度很高，一般没有什么损耗，所以其购进单价即为其单位成本。把某些单一调味品按比例配合，加工复制而成具有多种味道的调味品，如传统的糖醋汁、花椒盐、辣椒油等，时下流行的沙拉调料、嗯汁、沙茶酱等。复合调味品多数可以直接从市场上采购得到，有的则是由各个饮食企业根据特色风味自行配制的。计算某种复合调味品的单位成本，一般只要用总重量去除配制的各调味品成本总和就可以了。其计算公式是：

$$复合调味品单位成本 = \frac{各种调味品成本之和 + 燃料成本}{复合调味品重量}$$

〔例〕 自制辣椒油 4.8 千克，用去干辣椒 0.5 千克（7.8 元），麻油 3 千克（63 元），花生油 2 千克（36 元），耗用燃料 3.6 元，试计算每 100 克辣椒油的成本为多少元？

解：各种调味品成本之和为：

7.8+63+36=106.8（元）

其中，燃料成本为 3.6（元）；复合调味品重量为 4.8（千克）。

代入计算公式：

$$\frac{106.8+3.6}{4.8\times 10}=2.3 \text{（元）}$$

答：每 100 克辣椒油的成本是 2.3 元。

第二节　调味品用量的估算方法

饮食产品中的调味品耗用量一般较少，且要以很快的速度随取随用，故难于在事前或在烹调中及时称量，而多数采用估算的方法来确定调味品的耗用量，通常有以下三种估算方法,即容器估量法、体积估量法和规格比照法。

一、容器估量法

容器估量法就是在已知某种容器容量前提下,根据调味品在容器中所占部位的大小,估计得出其数量,再根据该调味品的购进单价,算出其成本。这种方法一般用来估量液体调味品,如麻油、酱油、唸汁、料酒等。由于烹调中多用手勺加放调味品,因此,可以运用手勺来估计这类调味品的用量;也可以运用汤匙、碗、盆、盅、钵等进行估量。

二、体积估量法

体积估量法就是在已知某种调味品在一定体积中的数量的前提下,根据其体积,直接估计其数量,而后按该调味品的购进单价,算出其成本。这种方法,大都用于粉质或晶态的调味品,如盐、糖、味精、胡椒、干淀粉等。由于烹调时多用羹匙、手勺等加放这些调味品,故也可以用这些器皿来估计调味品的用量。

三、规格比照法

规格比照法就是比照主、配料质量相仿,烹调方法相同所生产的某些老产品的调味品用量,来确定新产品调味品用量的一种方法。例如,比照拔丝荔枝肉的糖、油耗用量来估计确定拔丝樱桃肉的糖、油耗用量;比照干烧鲫鱼的调味品用量来估计确定干烧鲳鱼的调味品用量等。该方法的优点是由此及彼,简便易行,但如对老产品的调味品用量掌握不够精确,则误差也可能会随之产生。此外,应记住坚持主、配料物性相似,烹调技法相同,是正确运用规格比照的基础。

以上所述,是关于直接用于饮食产品的调味品用量。

至于餐厅供顾客在进餐中随意取用的调味品，对每一单位产品成本而言，习惯上都忽略不计，而在企业（部门）总的调味品成本中加以计算。

注：经过测试，几种常见调味品在水溶液中的效应及在菜肴中较适宜的参考用量标准如下：

砂糖20克，溶于150毫升水中，甜度适中；

精盐1克，溶于150毫升水中，咸度适中；

酱油5毫升，溶于200毫升水中，色好味适；

味精0.1克，溶于100毫升水中，鲜味适宜；

胡椒0.05克，溶于100毫升水中，辛辣适宜；

一份甜汤，（400毫升汤液）耗用砂糖50克为宜；

一份咸汤（以400毫升汤液计算）或一份菜肴（体积相当于400毫升溶液）其较经济、较适宜的主要调味品参考用量标准为：精盐2.7克、酱油10毫升、味精0.4克、胡椒0.2克。

第三节　调味品成本核算的方法

饮食产品的生产加工，基本上可分为两种类型，即单件生产和批量生产。单件生产的以各种菜肴为主，批量生产的以卤制品和各种主食、点心为主。生产类型不同，调味品的核算方法也不同。

一、单件调味品成本核算法

单件制作的产品的调味品成本，也叫作个别调味品成本，各种单件生产的菜肴的调味品成本都属于这一类。核算这一类产品的调味品成本，先要把各种惯用的调味品用量估算出来，然后根据其购进单价（亦即单位成本），分别算出其价款,最后加以合计即得。

单件产品调味品成本计算公式是:

单件产品调味品成本=单件产品耗用的调料①成本+调料②成本+……调料(n)成本。

〔例〕广西餐馆的"笋焖子鸡"一份,耗用各种调味品数量及其成本分别是:生油50克,0.50元;酱油30克,0.12元;糖5克,0.03元;味精2克,0.05元;淀粉2克,0.02元;料酒3克,0.02元。试计算每份笋焖子鸡的调味品成本为多少元?

解:只要把上列各种调味品成本逐一相加就可以了。

代入计算公式:

0.50+0.12+0.03+0.05+0.02+0.02=0.74(元)

答:笋焖子鸡一份的调味品成本是0.74元。

二、批量平均调味品成本核算法

批量平均调味品成本,指批量生产(成批制作)的产品的单位平均调味品成本。点心类制品、卤制品等都属于这一类。计算这类产品的调味品成本,应分两步来进行。

1. 首先用容器估量法和体积估量法,估算出整批产品中各种调味品的总用量及其成本。由于在这种情况下,调味品的使用量一般较多,应尽可能过称,使其调味品成本核算较为精确,同时也能保证产品质量的稳定。

2. 用产品的总数量来除调味品的总成本,求出每一单位产品的平均调味品成本。

批量产品平均调味品成本的计算公式是:

$$平均调味品成本 = \frac{批量生产耗用调味品总值}{产品总量}$$

〔例〕某餐馆用生猪肝8.4千克,制成卤猪肝5.1千克,经估量或实称共用去各种调味品数量及其价款为:生油 100 克，1.50 元；糖 250 克，1.50 元；料酒 250 克，1.20 元；酱油 750 克，3.00 元；葱、姜少许，0.80 元；味精 10 克，0.30 元；八角、桂皮等少许，0.37 元。要求计算每 100 克卤猪肝的调味品成本是多少元？

解：第一步，将各种调味品成本价款逐一相加，得出这批卤猪肝的调味品成本总值是：

1.50+1.50+1.20+3.00+0.80+0.30+0.37=8.67（元）

第二步，求出每 100 克卤猪肝的调味品成本是：

$$\frac{8.67}{5.1\times 10}=0.17（元）$$

答：每 100 克卤猪肝的调味品成本是 0.17 元。

〔例〕某汤包馆生产 200 份小笼汤包，耗用的各种调味品数量及其单价如下：

味精 80 克	16.00/500 克
胡椒 20 克	32.00/500 克
红糖 200 克	3.00/500 克
红醋 1000 克	1.60/500 克
小麻油 250 克	12.00/500 克
生姜 800 克	3.20/500 克
酱油 2000 克	1.60/500 克
料酒、盐、碱等适量	2.00 元

试计算每份小笼汤包的调味品成本是多少元？

解：第一步，计算 200 份小笼汤包所耗用的调味品成本总值是：

$$\frac{16.00}{500}\times 80+\frac{32.00}{500}\times 20+\frac{3.00}{500}\times 200+\frac{1.60}{500}\times 1000+\frac{12.00}{500}$$

$$\times 250+\frac{3.20}{500}\times 800+\frac{1.60}{500}\times 2000+2.00=27.76（元）$$

第二步,求出每份小笼汤包的调味品成本是:

$$\frac{27.76}{200} = 0.14 \text{(元)}$$

答:每份小笼汤包的调味品成本是 0.14 元。

如果调味品的规格、质量和单价不变,则其成本也不会变。用于成批制作的产品的调味品规格、质量应尽可能稳定不变,这不仅使产品的成本、售价和毛利保持相对稳定,而且有利于保证产品的质量。

第四节 燃料成本核算的方法

燃料是加工制作饮食产品所必需的物质,包括饮食生产中所耗用的薪柴、煤炭、柴油、天然气以及电力等。燃料成本在饮食产品成本中占有一定的比率,所以加强燃料成本的核算直接关系到饮食企业的正常经营与发展。燃料成本的核算主要有以下两种方法。

一、直接耗用核算法

即直接将企业在生产饮食中所耗用的各种燃料开支逐一相加,就能核算出企业的燃料总成本。再根据企业的总产量,则可核算单位产品的平均燃料成本。

燃料成本的计算公式:

燃料总成本=实耗燃料(1)成本+实耗燃料(2)成本+……实耗燃料(n)成本。

$$\text{单位产品燃料成本} = \frac{\text{燃料总成本}}{\text{产品总量}}$$

〔例〕某包子店日销售额 12000 元,其中每日生产销售天津包子 300 千克(每千克 28 元),销售额 8400 元,其他为菜肴等销售额。该店每日蒸包子等耗用煤 1 吨(每吨 270

元），另外在烹制菜肴等中耗用石油液化气72千克（每千克3元），试计算该店每日耗用燃料成本为多少元？每千克包子的燃料成本为多少元？

解：代入计算公式，每日耗用燃料成本为：

$1 \times 270 + 72 \times 3 = 486$（元）

每千克包子的燃料成本为：

$\dfrac{1 \times 270}{300} = 0.9$（元）

答：该店日耗用燃料成本486元，每千克包子的燃料成本为0.9元。

二、平均耗用核算法

在计算燃料成本中，每日去盘点核算燃料的实际耗用量及其成本是很烦琐和困难的，根据一定时期耗用的燃料成本与饮食原料成本之间的比率，即运用成本燃料率计算燃料成本，则比较方便和易于掌握。这是以一定时期的燃料实际成本耗用作为基础的，故具有平均成本耗用的性质。

成本燃料率＝燃料成本÷原材料成本×100%

燃料成本＝原材料成本×成本燃料率

〔例〕某酒店一季度总计耗用原材料成本442000元，耗用燃料26520元，试计算其成本燃料率为多少？现供应大众化筵席20桌，拟定每桌原材料耗用为250元，试参照一季度成本燃料耗用水平，计算每桌筵席的燃料成本应为多少元？

解：代入计算公式

成本燃料率 $= \dfrac{26520}{442000} \times 100\% = 6\%$

每桌筵席燃料成本 $= 250 \times 6\% = 15$（元）

答：该酒店成本燃料率为6%，每桌筵席的燃料成本应为15元。

运用成本燃料率计算燃料成本,一定要以燃料成本的实际耗费比率为基础,一般来说,大众餐厅和低价值饮食品的成本燃料率略高些,反之,豪华酒店和高价值饮食的成本燃料率则较低些。

思考题

1. 调味品成本核算的意义和特点是什么?
2. 调味品在成本核算中分为哪两大类?其核算方法有哪些不同?
3. 你是怎样估算调味品用量的?有哪些经验与教训?
4. 单件产品调味品成本和批量产品调味品成本在核算方法上有哪些不同?试举例说明。
5. 什么是成本燃料率?如何用成本燃料率计算燃料成本?
6. 为什么大众餐厅的成本燃料率往往会高于豪华酒店的成本燃料率?

第四章 饮食产品成本核算

饮食产品成本核算是饮食业成本核算的主要内容，是制定饮食品价格的基础。产品的成本不精确，销售价格就难以合理，其结果不是影响企业收益，就是侵害消费者利益。原料成本的一切核算，也将完全失去意义。因此，精确地核算产品成本有着十分重要的意义。

第一节 饮食产品成本核算的方法和特点

一、饮食产品成本核算的方法

饮食产品的成本是它所耗用的各种原料及燃料的成本之和，即所耗用的主、配料成本（通常以生料成本或半制品成本形式出现）与调味品成本及燃料成本之和。所以，要核算某一单位产品的成本，只要将其所耗用的各种原料及燃料成本逐一相加即可。

饮食品的加工制作有成批生产和单件生产两种类型。因此，产品成本的核算方法，也相应有两种方法。

（一）先总后分法

先总后分法，就是先求出每批产品的总成本，而后求出其每一单位产品的平均成本。这一方法适用于求成批制作的产品的成本，如卤制品、主食点心等。因为，对于成批制作的产品来说，其各个单位产品的用料和规格质量基本一样,所以,求其单位产品的成本时,都是先计算出每一批产品的总成本,然后再根据这批产品的件数,求出其每一单位产品的平均成本。

先总后分法计算产品成本的公式是:

$$单位产品成本 = \frac{本批产品所耗用的原料总成本+燃料成本}{产品数量}$$

其中,本批产品所耗用的原料总成本=本批产品所耗用的主料成本+本批产品所耗用配料成本+本批产品所耗用调味品成本。

(二)先分后总法

先分后总法,就是先计算出单位产品中所耗用的各种原料的成本,而后逐一相加,再加上所耗用的燃料成本,即得出单位产品的总成本。这一方法,适用于求单件制作的产品的成本,如小炒荤菜、花色冷盘等。因为,对于单件制作的产品来说,其每一产品的用料和规格质量不尽相同,所以,求其单位产品的成本,就必须个别计算。

先分后总法计算产品成本的公式是:

单位产品成本=单位产品所用主料成本+单位产品所用配料成本+单位产品所用调味品成本+单位产品所耗燃料成本。

亦可以写作:

$$单位产品成本 = \left(\begin{array}{c}单位产品所\\用主料成本\end{array} + \begin{array}{c}单位产品所\\用配料成本\end{array} + \begin{array}{c}单位产品所用\\调味品成本\end{array}\right) \times \left(1 + \frac{成\quad 本}{燃料率}\right)$$

或写作:

产品成本=原材料成本×(1+成本燃料率)

饮食业的成本,一般是根据所耗用的原材料和燃料每月计算一次。如果厨房领用的原材料、燃料当月完全用光而无剩余，领用的原材料、燃料金额就是当月全部产品的成本。如有剩料和半成品，则采用"以存计耗法"倒求成本。其计算公式是：

本月耗用原料、燃料成本＝月初原料、燃料结存额＋本月领用原料、燃料总额＋月末原料、燃料盘存额（包括剩余料及半成品等）

饮食业基本上都采用以存计耗法计算所用的原材料、燃料成本。因此，必须要把盘存工作组织好，及时地对厨房（包括隶属厨房的小仓库、保管室等）的剩余原料、燃料和半成品进行全面精确盘点，并且合理地进行计价，以便成本核算工作的顺利进行。

二、饮食产品成本核算的特点

在一般情况下，饮食品的制作生产很少受生产工具和原料种类的严格限制，不论什么主料或配料，都可进行适当调理搭配，制作出一种特定的产品。也就是说饮食品的原料组成具有较大的随机性。加上市场变化，主配料的进货情况每天有所不同，菜点产品、花色品种千变万化，多种多样，甚至一天当中早、晚都不尽相同。从这一情况来看，饮食产品的成本核算是比较烦琐和复杂。也就是说，饮食产品的成本核算在时间上没有一定的规律性，必须根据每天购进原材料的情况，随时进行核算工作。负责核算工作的生产业务人员，必须充分认识到产品成本核算中的这一特点，从而严守工作岗位，增强核算工作的责任感。

第二节 主食、点心的成本核算

一、核算主食、点心成本的方法

主食、点心如米饭、馒头、包子、油条、烧卖等大多数是成批生产的。但有少数品种，如炒面、果羹等有时也是单件生产的。根据不同的生产方式，可以用不同的方法核算各种主食、点心的成本。

〔例〕小笼汤包每100份的用料是富强粉5千克（单价4元），腿肉6.5千克（单价20元），肉皮2千克（单价6元），味精0.04千克（单价30元），胡椒0.01千克（单价50元），红糖0.1千克（单价6元），小磨麻油0.125千克（单价22元），生姜0.4千克（单价3元），酱油1千克（单价2.8元），红醋0.5千克（单价3.2元），黄酒、碱、盐少许，0.55元，燃料8.80元，试求每份小笼汤包的成本是多少元？

解：根据小笼汤包的制作方法，已知是成批加工的，适宜于用先总后分法进行核算。

第一步，按投料定量和单价先求出100份产品所耗用的各种原料和燃料总成本：

富强面为20元，腿肉为130元，肉皮为12元，味精1.2元，胡椒0.5元，红糖0.6元，小麻油2.75元，生姜1.2元，酱油2.8元，红醋1.6元，料酒、碱、盐0.55元，燃料8.8元。

第二步，代入计算公式：

(20+130+12+1.2+0.5+0.6+2.75+1.2+2.8+1.6+0.55+8.80)÷100=1.82（元）

答：每份小笼汤包的成本是1.82（元）

〔例〕三鲜炒面每份用料是：水切面条0.15千克（单价3.60元），肉丸0.03千克（单价34元），熟猪肉0.03千克（单价32元），熟猪肝0.03千克（单价40元），食油0.07千克（单价20元），各种调味品0.30元，耗用燃料

0.30元。试求三鲜炒面每份的成本为多少元?

解:由于三鲜炒面是单件生产的,因此,它的成本必须用先分后总法进行核算。按计算公式其成本应为:

面条成本 + 丸子成本 + 猪肉成本 + 猪肝成本 + 食油成本 + 调料成本 + 燃料成本 = 产品成本

代入计算公式,可知每份成本是:

0.15×3.6+0.03×34+0.03×32+0.03×40+0.07×20+0.30+0.30 = 5.72(元)

答:三鲜炒面每份成本是5.72元。

二、核算主食、点心成本的基本要点

1. 必须坚持单一品种核算。要建立"产品成本核算单",逐日记载原料领用和实际耗用量,逐日结出余额,表示已领而未用完的原料、半成品和尚未售出的制成品数额。表样式,如表4-1所示。

表4-1　　　　　　　面点产品成本核算单

产品名称　　　　　　　年　月　日　　　　　金额单位:元

原料品名	单位	单价	上日结存		本日领料		本日耗用		本日结存		拨入或拨出量		
			数量	金额	数量	金额	数量	金额	数量	金额	拨入	拨出	来源或去向
合计													

核算员:　　　　　　保管员:　　　　　　生产员:

2. 必须坚持凭单发料的制度。保管部门必须凭生产部门的领料单，严格按每个品种规定的分量质量标准或其他核算标准发料，以控制各个产品的配料定额，贯彻节约用料的原则。

3. 必须坚持每天盘点的制度。生产部门领用的原料并不等于实际耗用的原料，所生产的制成品也未必当天全部售完。因此，必须在生产和销售工作结束后进行盘点，并对已领而未用完的原料按进价计算价值，对未售的制成品和在制的半成品折合原料计算价值。以便计算已售出的产品原料耗用数量，从而精确地确定其成本，并检验其是否同原来定的投料标准和成本相符。

4. 生产部门各品种间相互调拨的原料，也必须及时作调入或调出转账，以免造成产品成本的虚增或虚减，影响核算的准确性。

第三节　菜肴制品的成本核算

一、菜肴制品成本核算的方法

菜肴品种繁多，但基本上可分为两大类，即热菜和冷盘。不论哪一类菜大都是单件生产的。但也有少数品种，如珍珠丸子、卤制品等则是批量生产的。要核算个别配制单件生产的菜肴的成本，只要将制作这份菜所需要耗用的各种原料和燃料的成本，逐一相加即可。

〔例〕炸猪排一盘，耗用原料计净猪肉 0.2 千克（单价 20 元），面粉 0.05 千克（单价 3.6 元），鸡蛋一个（单价 0.50 元），食油 0.1 千克（单价 16 元），盐、味精等调味品适量（共 0.50 元），燃料少许（0.40 元），试求每盘的成本为多少元？

解：这盘菜既有主料（净猪肉），又有配料（面粉、鸡蛋）和调味品（食油、盐、味精等），炸制过程中还要耗用燃料，其成本是由这四种要素的成本所构成。所以，可运用先分后总法进行核算，其计算公式应为：

猪肉成本 + 面粉成本 + 鸡蛋成本 + 食油成本 + 调味品成本 + 燃料成本 = 产品成本

代入计算公式，可知每盘成本是：$0.2 \times 20 + 0.05 \times 3.6 + 1 \times 0.5 + 0.1 \times 16 + 0.5 + 0.4 = 7.18$（元）

答：炸猪排每盘的成本是7.18元。

〔例〕珍珠丸子每1000个的用料是净猪肉15千克（单价20元），糯米2千克（单价4元），鱼茸0.5千克（单价40元），鸡蛋20个（单价0.50元），小葱1千克（单价6元），味精0.05千克（单价30元），胡椒0.02千克（单价50元），盐等其他调料适量（计3.50元），经测定该企业的燃料成本率为5%。试计算每个珍珠丸子的成本为多少元？20个珍珠丸子为一盘，其每盘成本又是多少元？

解：珍珠丸子系批量制作生产的，所以可运用先总后分法进行核算。

代入计算公式，可知珍珠丸子每个的成本是：

$[(15 \times 20 + 2 \times 4 + 0.5 \times 40 + 20 \times 0.5 + 1 \times 6 + 0.05 \times 30 + 0.02 \times 50 + 3.5) \times (1 + 5\%)] \div 1000 = 0.3765$（元/个）

珍珠丸子一盘的成本是：

$0.3765 \times 20 = 7.35$（元/盘）

答：每个珍珠丸子的成本是0.3765元，每盘的成本是7.35元。

二、核算菜肴制品成本的基本要点

1. 要在历史经验的调查研究以及实际试制结果的基础上，核算各个菜品的原料耗用定量及成本。

2. 原料耗用定量和成本定额合理地确定下来以后,应保持相对稳定,并悬牌公布,便于群众监督,促进企业和企业员工能认真做到主料过秤,辅料合理,定份下锅,均衡装盘,逐日盘存,坚持日清日结,算做一致,以使毛利准确,质价相符。

3. 在执行原料耗用定量和成本定额中,即要防止短斤少两,以劣充优的不良经营作风,也要防止用料偏松,不讲核算的错误倾向,避免成本忽高忽低、毛利时大时小的现象。

在生产部门往往以填报"菜肴产品成本核算单"的方式,直接计算出菜肴产品成本。表样式,如表4-2所示。

表4-2　　　　　　　　菜肴产品成本核算单

产品名称　　　　　　　年　月　日　　　　　　金额单位:元

原料品名	单 位	数 量	单 价	金 额	备 注
合 计					

核算员:　　　　　　保管员:　　　　　　　　　　生产员:

第四节　筵席的成本核算

筵席是由冷盘、热炒、大菜、点心等各种菜点按一定规格组成的,筵席是一组系列化菜点。在掌握了主食点心和菜肴制品成本核算方法以后,只要将组成筵席的各种产品成本相加,其总值即为筵席的成本。在前者的基础上,这种核算是较易于掌握的。此外,由于在实际经营中,筵席往往是由顾客预定的,这就要根据预定的标准,先核算出筵席的成本总值,再依各种组合菜点所占有筵席成本总值的比率,核算出各种菜点成本。

一、中餐筵席成本的核算

1. 根据组成筵席的各种菜点的成本,计算筵席成本。

〔例〕普通筵席一桌,计四冷盘、四热炒、五大菜、一道点心、一道甜汤。计耗成本如下:白鸡(9.20元)、香肠(6.80元)、皮蛋(5.40元)、黄瓜(1.80元)、爆墨鱼卷(16.80元)、爆腰花(16.00元)、炸三丝卷(14.40元)、溜鱼片(15.80元)、海参鹑蛋(38.20元)、酿冬菇(14.40元)、香酥鸡(22.60元)、清蒸武昌鱼(31.60元)、桔瓣鱼丸汤(18.40元)、佛手包(5.00元)、银耳果羹(13.60元),制作筵席的成本燃料率为6%。试计算该桌筵席成本为多少元?

解:筵席成本 = [菜点①成本+菜点②成本+……+菜点(n)成本] × (1+成本燃料率)

代入计算公式,由:

(9.2+6.8+5.4+1.8+16.8+16+14.4+15.8+38.2+14.4+22.6+31.6+18.4+5+13.6) × (1+6%) = 230×106% = 243.8 (元)

答:该桌筵席成本为243.8元。

2. 根据顾客预定的筵席标准(指筵席销售单价),计算筵席成本和各类菜点成本。

〔例〕一位预定中级筵席一桌,售价800元,试计算该筵席成本应为多少元？组成该筵席的各类菜点成本又为多少元？

解：第一步，根据筵席等级和售价，按照规定的成本率计算该筵席的成本。其计算公式是：

筵席成本 = 筵席售价 × 成本率

如规定中级筵席的成本率为55%，代入运算公式，则：

筵席成本 = 800 × 55% = 440（元）

第二步，根据筵席成本总值和该等级筵席各类菜点成本所占有比重，计算出各类菜点成本。筵席成本结构分类比重，如表4-3所示。

表 4-3　　　　　　　中餐筵席成本结构示意表　　　　　金额单位：元

类别	销售单价	成本率	成本总值	分类菜点成本比重							
				冷盘	%	热炒	%	大菜	%	点心等	%
普通筵席	500	60%	300	30	10	60	20	180	60	30	10
中等筵席	800	55%	440	52.8	12	88	20	242	55	57.2	13
高等筵席	1500	50%	750	112.5	15	150	20	375	50	112.5	15
特等筵席	3000	45%	1350	202.5	15	270	20	675	50	202.5	15

按表中所列数据进行运算：

冷盘成本 = 440 × 12% = 52.8（元）

热炒菜成本 = 440 × 20% = 88（元）

大菜成本 = 440 × 55% = 242（元）

点心等成本 = 440 × 13% = 57.2（元）

答：该筵席成本应为440元，其中冷盘成本为52.8元，热炒菜肴成本为88元，大菜成本为242元，点心等成本为57.2元。

在实际业务工作中，还应在分类菜肴成本的基础上，按各类菜肴所应有的件数，进一步核定各种菜点的成本。

（注：成本率=$\frac{成本}{售价}\times 100\%$ 或 成本率=1-销售毛利率）

二、西餐宴会成本的核算

西餐，有冷餐会、酒会、宴会等多种形式。西餐宴会成本的核算方法与中餐筵席成本的核算程序和方法，基本上是一致的。只是其等级标准，不是按每席的费用来划分，而是按参加宴会的每人的费用来划分。另外，由于中外饮食习惯不同，所以筵席的菜点结构类别也不尽相同，成本构成比重也有较大差异。一般西餐宴会其菜点分为（1）面包、黄油、小吃；（2）冷菜；（3）汤菜；（4）热菜；（5）点心；（6）水果；（7）饮料等。其成本结构一般面包与小吃约占10%，冷菜占15%，汤菜、热菜占60%，水果、点心、饮料等占15%左右。

〔例〕某公司宴请外商举办冷餐酒会，每人200元，预定35人参加，试问该酒会成本应为多少元？

解：先根据每人收费标准和参加人数计算销售额，再按规定的成本率即可核定酒会的成本额。

如上例酒会的成本率规定为40%，则：

酒会成本=200×35×40%=2800（元）

答：该酒会成本应为2800元。

第五节　饮食成本报表

饮食企业的成本核算人员为了及时向企业管理层报告饮食成本耗用状况，必须按时编制饮食成本报表，以供企业领导及时了解情况，发现问题，解决问题，促进企业不断改善经营管理。饮食企业的产品具体品种很多,成本报表不可能逐一反映,成本报表所反映的是饮食产品的成本总额或各类饮食成本额的核算情况。饮食成本报表主要有日报表和月报表两种。

一、饮食成本日报表

饮食的日成本主要由直接采购原料成本和库房发料成本两部分组成。所谓直接采购是指原料购进后直接送至厨房(多为鲜制原料)供生产加工耗用的形式,因为购进时就记作成本,所以只要算出每日购进总额即可。这个数据可从原料采购验收日报表的直接采购原料份额中得到。凡采购后不是将原料直接送入厨房,而是先送入库房的,则是在厨房向库房领料,亦即库房向厨房发送原料时才记入成本。因此,只要根据当日库房收存的领料单汇总即可得出该日发料总额。将直接采购原料成本和库房发料成本两者相加,即为当日饮食成本总额。

饮食日成本总额计算公式如下:

```
  直接原料采购额        (取自原料采购验收日报表)
 +库房发料总额         (汇总领料单数据)
 ±厨房间的原料调拨额     (汇总调拨单数据)
 -职工用餐成本额       (转经营费及企业管理费)
 -招待用餐成本额       (转经营费及企业管理费)
 -其他杂项扣除额       (转经营费及企业管理费)
 ─────────
  饮食日净成本额
```

在计算出饮食日成本额后,还应从出纳会计处获取日销售额数据,这样就可以计算出成本对销售额的比率——成本率。

采用以上方法计算出的饮食日成本是比较粗略的,因为厨房领用的原料和直接采购的原料不可能当天全部消耗掉,有的原料当日计入成本,可能几天内才逐渐消耗掉,如油、盐、味精、胡椒等调味品及其他原料等。因此,计算出的饮食日成本额与实际日成本额存在一定的误差。为了减少误差,有必要统计成本的累计数据,累计时间越长,数据的精确度就越高。所以,有的饮食企业在编制"饮食成本日报表"的基础上,还编制"饮食成本五日报表""饮食成本旬报表"。

为了更好地搞好成本控制和加强管理,有的企业还将成本日报表和销售日报表合并一起,编制成饮食营业日报表。

饮食营业日报表的主要内容包括:

1. 整个企业饮食成本耗用情况;
2. 各个餐厅饮食成本耗用情况;
3. 饮食成本调整情况
4. 各餐厅就餐人数、营业额和平均消费额。

这份饮食营业日报表能反映当日整个企业和各餐厅的饮食销售情况与成本控制情况。如销售或成本控制不理想,可及时找出销售不佳和成本泄漏的责任部门,便于及时采取措施,加强管理,以提高企业的经济效益。

二、饮食成本月报表

为了减少日成本核算误差的影响,加强企业的成本控制,必须认真核算每月的饮食成本。计算月饮食成本与计算日成本的不同点,在于月饮食成本是根据库存的实际盘点额来核算,而日成本额的核算对存料额一般均忽略不计。在计算月成本额时,不但要核算库房的库存额,还要核算当月厨房的库存额,这样,才能使月成本核算额更为精确。

饮食月成本总额计算公式如下:

月初库房库存额　　　　（上月末实际库存额）
+月初厨房库存额　　　　（上月末实际库存额）
+本月库房购进额　　　　（验收单据汇总）
+本月直拨采购额　　　　（验收单据汇总）
-月末库房库存额　　　　（月末实际盘点库存额）
-月末厨房库存额　　　　（月末实际盘点库存额）
±成本调整额
－各项扣除额
———————
本月净成本额

其中，成本调整额包括：

1. 各厨房向酒库和酒吧领用的供作调料的酒水。这些成本额应分别加在各厨房的成本额中，并应分别在酒库和酒吧成本中扣除。

2. 各酒吧间向库房和各厨房领用的调酒用料。这些成本额必须加在各酒吧间成本额中，并应从库房和厨房成本中扣除。

3. 各厨房间的原料调拨成本额。凡具有多个餐厅和厨房的饮食企业，所属各厨房间的原料调拨，必须作相应的换算。如从甲厨房调入乙厨房的原料、半成品、成品的成本额，必须从甲厨房的成本额中扣除，加入乙厨房的成本额中。

各项扣除额包括：

1. 向顾客赠送的水果、饮料等。这是一种促销手段，故此项支出，可计入推销费用中。

2. 招待用餐成本。企业为拓展业务所开支的招待费用，应分别计入各部门的营业费用中。

3. 职工用餐成本。这部分成本应从饮食营业成本中扣除，列入企业费用开支。

4. 其他杂项扣除。如有的企业以成本价出售的原料，其收入应从原料成本中扣除。有的企业组织厨师技术训练或新产品试制等所发生的一些开支，也应从饮食成本中扣除，计入营业费用中。

总之，饮食成本月报表应包含以下内容：反映企业一个月消耗饮食原料的总额和燃料的总额；显示饮食成本的调整额和各项扣除额；列出一个月饮食成本的净额；还应在月报表上列出饮食月营业额，并计算出实际成本率。

$$饮食实际成本率 = \frac{饮食实际成本净额}{饮食营业额} \times 100\%$$

通过饮食成本月报表所提供的简洁信息，可使企业管理人员一眼便清楚地了解到企业月成本控制的效果。如某饮食企业的标准成本率为45%，但从这个月的成本报表中反映出的实际成本率为48.5%，这就说明企业在这个月成本控制方面还存在许多问题，有待进一步查找原因，加以改进。如果说从这个月成本报表中反映出的实际成本率为43%，这就说明企业在这个月成本控制方面已经取得了很大成绩，为企业提高经济效益打下了坚实的基础。

饮食成本月报表的内容，如表4-4所示。

表4-4　　　　　　××饭店饮食成本月报表

制表日期：1999. 3. 5.　　　1999年2月　　　　　　　单位：元

项　　目	金　　额
月初库房库存额	126 000
月初厨房库存额	35 600
本月库房采购额	212 800
本月直拨采购额	196 600

续表

项 目	金 额	
月末库房库存额		113 400
月末厨房库存额		32 600
本月饮食成本总消耗	425 000	
赠送顾客水果		3 000
招待业务用餐		15 600
职工工作餐		45 000
其他杂项扣除		3 400
扣除总额		67 000
本月饮食净成本额	358 000	
本月饮食净营业额	738 144	
标准成本率		45%
实际成本率	48.5%	

按月报表的数据计算,××饭店1999年2月份的饮食成本净额为:

¥126 000
+35 600
+212 800
+196 600
−113 400
−32 600
−3 000
−15 600
−45 000

$$\frac{-3\ 400}{¥358\ 000}$$

该饭店饮食销售额为 738 144 元,月实际饮食成本率为:

$$\frac{358\ 000}{738\ 144} \times 100\% = 48.5\%$$

饭店的标准饮食成本率为 45%,实际成本率比标准成本率大 3.5 个百分点(48.5%-45%=3.5%),说明该饭店在成本控制方面还存在许多问题,有待进一步研究分析。

思考题

1. 饮食产品成本核算具有哪些特点?为什么具有这些特点?
2. 计算饮食产品成本的方法有哪些?各适用于什么产品?试举例说明。
3. 进行主食、点心成本核算应掌握哪些基本要点?
4. 核算菜肴制品成本应掌握哪些基本要点?
5. 中餐筵席的成本结构是怎样的?西餐宴会的成本结构又是怎样的?
6. 饮食成本的日报表和月报表的基本内容是什么?

第五章 饮食产品价格的核算

价格是商品价值的货币表现。核定饮食产品价格,是饮食业进行成本核算的直接目的。

第一节 饮食产品价格的构成

一、饮食产品价格的构成

由于饮食业是产、销、服务三个过程同时在一个企业内实现,所以饮食产品的价格应当包括从生产到消费的全部成本费用和各环节的利润、税金。饮食产品的成本可分为生产成本、销售成本、服务成本三种。但是,各种饮食产品在加工和销售过程中,除原材料成本和燃料成本可以单独按品种核算外,工资和经营费用很难分开核算。所以,长期以来,人们在核定饮食产品价格时,通常原材料成本和燃料成本作为产品成本要素,而把生产经营费用、利润、税金合并在一起,称为"毛利",用以计算饮食产品价格。因此,从计算角度讲,饮食产品价格的构成,通常用下面公式来表示。

即:饮食品价格=产品成本+利润+税金+生产经营费用

或:饮食品价格=产品成本+毛利

(注:产品成本=原材料成本+燃料成本)

根据饮食业的特点,饮食产品价格一般通过毛利率来控制和体现,即由企业按照各级物价管理部门规定的毛利率幅度（包括允许的超过或下降的幅度在内），根据"按质分等论价，时菜时价的原则"，遵守市场正常价格秩序，结合本企业的特点，逐一确定具体经营品种的毛利率和销售价格。

二、利润率和毛利率

饮食产品的利润，是由产品的销售价格扣除产品成本之后所得的毛利中形成的。从毛利中扣除费用和税金就是利润（通常也称为产品的纯利），利润与成本的比率叫成本利润率，利润与销售价格的比率叫销售利润率。其公式分别是：

$$成本利润率 = \frac{产品利润}{产品成本} \times 100\%$$

$$销售利润率 = \frac{产品利润}{产品销售价格} \times 100\%$$

饮食产品的毛利，即产品销售价格减去产品成本后的差额（进销差价）。毛利与成本的比率叫成本毛利率，毛利与销售价格的比率叫销售毛利率，其计算公式分别是：

$$成本毛利率 = \frac{产品毛利}{产品成本} \times 100\%$$

$$销售毛利率 = \frac{产品毛利}{产品销售价格} \times 100\%$$

它分别反映每百元产品销售额和产品成本取得的毛利额。它对物价和饮食企业营利都有重要影响。在业务部门通常使用的是销售毛利率，常简称为毛利率。

毛利率同成本率、费用率、利润率有密切联系，用公式表示则为：

$$毛利率 + 成本率 = 1$$

$$毛利率 - 费用率 - 税率 = 利润率$$

三、毛利率和费用率在价格计算上的意义

产品的成本和价格确定以后,能否在这个产品中获得营利,就要看其毛利是否大于生产经营费用与税金之和。凡毛利大于二者之和,企业就会有所盈余;反之,毛利小于二者之和,企业就会发生亏损。因此,企业在安排确定毛利率幅度的同时,还应根据本企业的具体情况制定出费用率,即费用与销售额的比率。在费用率比较稳定的情况下,如果出现营利不足或亏损的情况时,应立即检查毛利率的执行情况,尤其要在原材料耗费或在价格上作出相应的调整措施;反之,如果毛利率稳定在规定的幅度内,而费用率偏高,导致营利降低时,则不能采取调高价格的措施,而是应该注意节约开支、降低费用,以保证企业有一定的营利,使之不断提高企业的经济效益和社会效益。

第二节 饮食产品的定价原则

饮食产品定价是否合理,直接影响产品的销售和利润目标的实现,关系到饮食企业在市场经营竞争中的地位。因此,必须切实遵循饮食产品定价的基本原则。根据定价目标,只有运用合理的定价方法,才能制定出既符合市场需求,又能使企业实现经营目标的饮食价格。

一、饮食产品定价的原则

(一) 价格要反映产品的价值

饮食产品的价格是顾客判断其价值的主要依据。高价位产品就应具有较高的消费价值,除了应包括高品质的食品原材料消耗和精工细作的人工耗费外,还应以及热情周到的服务,包括优雅舒适的用餐环境和设施设备的使用价

值。总之，要使产品的价格与产品的这些价值构成水准相称，让顾客感到质价相符、物有所值。

(二) 价格必须适应市场需求

价格要体现企业的经营方针，要适应目标市场顾客的消费水平。定价过高，超出消费者的承受能力，或"价非所值"，必然会引起顾客的不满，从而降低消费水平，减少消费量，或者另觅他处，企业也就难以实现经营目标。尤其是在买方市场的条件下，这种情况是普遍存在的。

(三) 价格的灵活性与稳定性相结合

饮食定价，应根据市场供求关系的变化，灵活应用浮动价、季节价以及优惠价。例如对一些社会声誉好、名望高的饭店或餐厅或名优饮食产品，其价格可以略高；旺季可比淡季价格略高，经营地理位置好的饭店或餐厅可比位置差的价格略高。要充分利用价格杠杆调节供求，增加销售，提高经济效益。但是，饮食价格也不宜频繁变动，要有相对的稳定性，否则会失去消费者的信任、挫伤购买积极性。每次调价的幅度也不宜过大，一般应不超过10%。

(四) 严格执行国家物价政策，接受物价部门的指导

要根据国家的物价政策，制定饮食产品的价格，在规定的范围内确定本饭店或餐厅的毛利率。饮食定价要贯彻按质论价、分等论价、时菜时价的原则，以合理成本、费用加上合理利润来制定饮食价格。

二、饮食产品定价的目标

定价目标是与经营目标直接相连的，制定价格必须以定价目标为指导思想。每一个产品价格都可能影响企业的销售收入、利润额、市场占有率等目标。

(一) 利润导向定价

许多饮食企业以实现一定的经营利润作为定价目标，

即根据目标利润,预测经营期内的饮食成本私费用,然后计算出实现目标利润所必须完成的销售额指标。再通过预测饭店或餐厅的餐位周转率、计算出人均消费额指标,并以此来确定饮食产品的价格水平。其计算公式是:

销售额=目标利润+产品成本+费用+营业税

〔例〕某饮食企业计划明年的目标利润为 300 000 元,根据上一年度的经营情况,确定明年的目标成本率为 45%,费用率为 35%,营业税为 5%。那么该企业明年的销售指标应为:

$$销售额 = \frac{目标利润}{1-成本率-费用率-税率}$$

$$销售额 = \frac{300\,000}{1-45\%-35\%-5\%} = 2\,000\,000(元)$$

如果该企业具有 100 个餐位,预计每餐平均餐位周转率为 1.2,每天供应中、晚两餐,则顾客每人平均消费额指标应为:

$$\frac{顾客平均}{消费额} = \frac{计划期销售额指标}{餐位数 \times 餐位周转率 \times 每日餐数 \times 营业期天数}$$

$$顾客平均消费额 = \frac{2\,000\,000}{100 \times 1.2 \times 2 \times 365} = 22.83(元)$$

注:人均消费额指标是饮食企业制定产品价格水平的重要依据。

(二) 市场渗透定价

有些饮食企业为增加客源、扩大饮食企业的销售额,往往在一定时期内将价格定得较低,以广招徕吸引顾客光顾而使饮食企业的知名度提高。有些饮食企业往往会把对抗竞争或谋求一定的市场占有率作为定价的出发点,并以薄利多销来实现经营目的。也有些饮食企业以较低的饮食价格来招揽会议、旅游团队及公务客人,以扩展其他连带经营,使饮食企业的整体利润得到提高。

(三) 维持生存定价

当市场不景气或竞争激烈的情况下,把维持生存作为最大的目标,定价时只求保本,即通常所说的成本价。待市场需求回升或企业经营状况好转后再提升价格。就短期而言,只要产品售价高过产品的变动成本费用,达到一定的销售量,足以弥补企业固定成本费用支出,则仍可继续生存。当然,就长期而言,企业必须要有利润,否则就会导致破产。

第三节　饮食产品毛利率的确定

一、毛利率与价格的关系

毛利率是毛利与成本或销售价格之间的比率。它不但在一定程度上反映着产品的利润水平,还直接决定着产品的价格水平,决定着企业的盈亏,关系着消费者的利益。产品成本一定,毛利率越高,价格也越高,企业利润也就增高;反之,毛利率越低,价格也越低,利润也相对减少。所以说合理地制定饮食产品的价格,除了必须精确地核算产品成本外,还必须正确地确定饮食产品的毛利率。只有这样,才能正确处理国家利益、企业利益,职工利益和消费者利益各方面之间的关系,才能使饮食产品的价格既能保证企业的合理盈利,也能更好地为工农业生产和人民生活服务。

二、确定产品毛利率的原则

根据饮食业的特点,饮食产品价格是通过毛利率来控制和体现的,即以产品的合理成本为基础,分别不同企业等级和品种类别,以及市场供求状况,以不同幅度的毛利率进行核定。所以确定产品的毛利率原则和定价原则是一致的。确定饮食产品的毛利率，必须贯彻合理稳定、按质分等论价、时菜时价的原则。

所谓合理稳定，就是说饮食产品的价格要适应不同的消费水平，并在各类价格之间保持适当的比率；饮食企业的毛利率和各品类毛利率的掌握，要力求稳定在一定的水平上。

所谓时菜时价，是指不同季节的菜品（尤其是节令菜品）应当随行就市，安排确定当时的价格。

按质分等论价，则是指按照产品的不同质量确定不同的毛利率，同时，还应按照不同饮食企业的烹调技术、选用原料、服务设施和服务质量等的不同，划分类型等级，对不同等级饮食企业和产品分等来确定毛利率。大中城市饮食业经营类型，大体可以划分为：酒菜、西餐、便餐、点心、冷热饮品等。企业等级则可根据经营特色、社会声誉等条件划分为高级餐厅、中级饭馆、大众饭店、小吃店，等等。大城市可多划几个等级，中等城市则少划几个等级，县城和农村集镇可不划等级。

饮食企业等级的划分，各地标准不一，如表 5-1 所示，为某地饮食企业等级（定价）试行标准，供参考。

表 5-1　　××地区饮食业企业等级（定价）试行标准

项　　目	一级店（销售毛利率50%）
技术力量	要有一级以上红、白案厨师和一级以上服务师主持操作服务，二级以上厨师占厨房生产人员总数的30%以上。

续表

项　目	一级店（销售毛利率50%）
经营能力	有明显的经营特色，有市级授予的优质产品，在消费者中享有一定的声誉，能制作具有地方风味特色的各类菜点和四季时令佳肴，每日供应菜肴品种在200种以上，其中风味名菜不得少于30个，能承办高档筵席。

设备条件	规　模	三层以上钢筋水泥结构的楼房或庭院式古色古香、风景宜人的平房和良好的卫生设施（含男女厕所），每层设有备餐间、生产间宽敞、明亮、整齐美观，配有冰柜。
	门　面	采用较高级材料装饰墙壁，安装精致美观的大招牌。
	大厅一楼	水磨石地坪、装饰墙裙、天花板壁灯或日光灯。较美观的吊扇、整齐的餐桌、凳并配有台布。
	风味厅	宽敞、舒适、灯光明亮，设有单间或活动屏风水磨石或装饰地坪，高级窗帘；有宫灯、壁灯，空调。圆桌配有高级的桌布和沙发靠椅（带套）、造型讲究的高级墙裙墙布，设有衣架或衣钩、摆有花卉、盆景、风景字画。
	雅　厅	宽敞、舒适、雅致、光线柔和，设有休息起座（或用屏风隔开）。空调、地毯或高级地坪、壁灯。造型讲究的高级墙裙、墙布和天花板。高级餐具、酒柜、高级窗帘、设有衣架或衣钩、转动圆桌、沙发靠椅（带套），摆有花卉、盆景、风景字画。
	服务程序及设施	程序：风味厅12道以上，雅厅20道以上。 设施：（风味厅、雅厅）备有消毒香巾、牙签、餐巾纸、桌上有调味料、菜谱、筷套等

续表

项　目		二级店（销售毛利率45%）	三级店（销售毛利率42%）
技术力量		要有二级以上红、白案厨师和二级以上服务师主持操作服务，三级以上厨师要占厨房人员的30%以上，三级以上服务师要占服务人员总数的20%以上	要有三级以上红、白案厨师主持操作、服务员具有一般接待服务知识。
经营能力		要有风味名点，每日至少有60个菜肴供应。其中风味菜不能少于15个，具有制作四季时令菜肴和承办中档筵席的能力	以经营大众化菜为主，每日至少有40个菜肴供应，风味菜不少于5个，有较精致的花色包点。
设备条件	规模	钢混式砖混添层规模，具有一定的经营规模和较好的卫生设施，生产车间整齐、美观、配有冰柜。	有一定的卫生设施，生产车间整齐，配有冰箱。
	门面	美观、朴实、大方。安装精致招牌、玻璃橱窗。	油漆粉刷墙壁、招牌醒目。
	大厅一楼	水磨石地坪、装饰板墙裙、吊扇、日光灯、较好的桌凳、台布。	油漆墙裙、吊扇、日光灯、一般桌凳、桌布、餐具。
	风味厅	较宽敞舒适、水磨石地坪或油漆地板，较讲究的天花板、壁灯、塑料装饰墙裙、窗帘，设有单间或活动屏风，较好的餐具、桌布、靠椅餐桌，有衣钩或衣架，摆有花卉、盆景。	塑料或其他装饰板墙裙、水磨石地坪或油漆地板。电灯或日光灯、吊扇。一般桌布、餐具。

续表

项目		二级店（销售毛利率45%）	三级店（销售毛利率42%）
设备条件	雅厅	舒适、雅致，有休息起座、空调、地坪或精致地毯。造型较讲究的墙裙。墙布、天花板、吊灯、壁灯、高级窗帘、转动圆桌、靠椅（带套）较高级餐具，有衣架或衣钩，摆有花卉、盆景、风景字画。	塑料或其他装饰板墙裙、水磨石地坪或油漆地板，设有单间、日光灯、壁灯、吊扇或空调，较好的桌椅、桌布、餐具、有风景字画。
	服务程序及设施	程序：风味厅8~12道，雅厅18~20道。 设施：风味厅、雅厅各有消毒香巾、牙签、餐巾纸，桌上有调料、菜单、筷套等。	程序：大厅4~8道，单厅8~12道 设施：有消毒毛巾、调味料、牙签。

注：四级店（面点、小吃、快餐等）销售毛利率为40%，具体条件略低于三级店。

三、综合毛利率与分类毛利率

饮食业的毛利率在实际运用中，又分为综合毛利率与分类毛利率两类。

（一）综合毛利率

综合毛利率，是指某一地区或某一等级、某一类型饮食店的平均毛利率。它是按照一定地区或某一类型饮食店的毛利总额和销售总额来计算的，也就是毛利总额占销售总额的百分比。用公式表示为：

$$综合毛利率 = \frac{销售总额 - 产品成本总额}{销售总额} \times 100\%$$

综合毛利率是由各级物价主管部门核定的，是掌握和考核不同地区、不同饮食店在某一时期内销售价格总水平是否符合政策规定,是否合理的综合指标,也是检查企业经营方向的重要尺度。

(三) 分类毛利率

分类毛利率,是指某一地区、某一等级饮食企业的各类饮食品的毛利率,它是按饮食品的不同类型(米、面制品类、普通菜肴类、高级菜肴类等)分别核定的。一般也由各级物价部门或商业行政管理部门核定。规定饮食品的分类毛利率,可以使同一市场,不同饮食企业经营的同类饮食品价格,相互之间保持平衡和衔接,有利市场物价的稳定。用公式表示为:

$$分类毛利率 = \frac{本类饮食品销售额 - 本类饮食品成本额}{本类饮食品销售额} \times 100\%$$

综合毛利率与分类毛利率是相互联系、相互制约的。其关系是:在分类毛利率的基础上形成综合毛利率。综合毛利率一经确定,又控制着分类毛利率。综合毛利率是按分类毛利率和各类饮食品的经营比重制定的。因此,它可以控制和制约分类毛利率;分类毛利率是综合毛利率的基础,它构成综合毛利率。在确定分类毛利率时,要考虑到综合毛利率的水平,以使不同地区、类型、等级的饮食企业的综合毛利率保持合理差别。综合毛利率与分类毛利率的关系,如表5-2所示。

表 5-2　　××餐馆综合毛利率和分类毛利率统计表

经营种类	销售额 (1)	毛利额 (2)	分类毛利率 $(3)=\frac{(2)}{(1)}\times 100\%$	各类销售比重 $(4)=\frac{(1)}{\Sigma(1)}\times 100\%$	综合毛利率 $(5)=(3)\times(4)$
大众化菜肴	150 000	60 000	40%	50%	20%
合　菜	45 000	18 900	42%	15%	6.3%
特色风味菜	75 000	33 750	45%	25%	11.25%
粮食制品	21 000	7 980	38%	7%	2.66%
卤制品	9 000	3 150	35%	3%	1.05%
合　计	300 000	123 780	—	—	41.26%

注：综合毛利率=Σ…（分类毛利率×各类饮食品销售比重）

合理确定毛利率水平，是正确贯彻饮食品价格政策，促进企业改善经营管理，安排好市场饮食品销售价格的重要条件。因此，应当根据国家关于对饮食毛利水平掌握的原则和控制幅度，妥善地加以安排。

四、饮食产品毛利率的具体确定

由各级地方物价管理部门和商业行政管理部门制定的饮食业综合毛利率与分类毛利率，是企业确定各种产品毛利率的重要依据。也就是说各种产品毛利率必须受综合毛利率与分类毛利率水平的制约，不能过多降低或超出。所以，饮食企业在确定各种产品毛利率时，还必须切实遵循以下具体原则：

1. 凡与人民生活关系密切的大众饭菜，毛利率应低些。

2. 筵席和特色风味名菜、名点的毛利率应高于一般菜点的毛利率。

3. 时令品种的毛利率可以高一些,反之应低一些。

4. 用料质量好,货源紧张,操作过程复杂的精致产品,毛利率可以高一些,反之应低一些。

5. 原料成本价值低,起售点小的产品,毛利率可适当高一些。

各种饮食产品毛利率的确定,应认真贯彻有关饮食价格的管理办法、实施细则等。凡名菜、名点和各种销售量多、影响面广的大众化菜点的毛利率,应由饮食企业呈报有关物价主管部门核准;对比较普通的品种,如一般的冷盘、热炒菜和汤菜等可由基层企业自行掌握确定,报业务主管部门备案。

为了更好地贯彻饮食价格政策,在具体确定每一种新产品的毛利率时,除必须认真进行耗用测试和成本换算外,还必须严格履行报批手续,产品毛利率一经批准,非特殊情况不得轻易变动;必须变动时,仍应报请上级审核批准或备案。

第四节 饮食产品价格的计算

在精确核算了产品的成本和合理确定了产品的毛利率之后,就能计算出产品的价格。但是由于毛利率有成本毛利率和销售毛利率之分,所以在计算价格的方法上除有成本毛利率法和销售毛利率法外,还有利润率法、分类加价法、定价系数法等方法。

一、成本毛利率法（外加法）

成本毛利率法，就是以产品成本为基数，按确定的成本毛利率加成计算出价格的方法。

例如，设 C 表示产品成本，r_1 表示成本毛利率，S 表示产品销售价格，m 表示毛利，其公式推导如下：

我们知道：成本毛利率就是毛利除以成本的比值：

$$\frac{m}{c}=r_1 \quad \cdots\cdots\cdots\cdots\cdots\cdots\cdots\cdots\cdots\cdots (1)$$

我们又知道，产品成本与毛利之和构成饮食品的价格：

$$S=C+m \quad \cdots\cdots\cdots\cdots\cdots\cdots\cdots\cdots\cdots\cdots (2)$$

由此式（1）可得

$$m=Cr_1 \quad \cdots\cdots\cdots\cdots\cdots\cdots\cdots\cdots\cdots\cdots (3)$$

以式（3）代入式（2）即得：

$$S=C+Cr_1$$
$$S=C(1+r_1) \quad \cdots\cdots\cdots\cdots\cdots\cdots\cdots\cdots (4)$$

即：产品销售价格＝产品成本×（1+成本毛利率）

这种方法在饮食业习惯上称为"外加法"。

〔例〕广州饭店的"甜酸肉"，每盘用猪肉 200 克（5.84元），砂糖 75 克（0.45元），生油 75 克（1.33元），鸡蛋一个（0.50元），淀粉、醋等调料少许（0.38元），燃料少许（0.30元）。试求每盘售价？

解：第一步，计算成本：

5.84+0.45+1.33+0.50+0.38+0.30=8.80（元）

第二步，根据一般水平，核定此菜的外加毛利率为 80%。

第三步，计算价格，即把产品成本和加成率代入计算公式：

$$S=C(1+r_1)=8.80\times(1+80\%)$$

= 8.80×1.80 = 15.84（元）

为了使核定价格的工作规格化，并促使各种饮食产品的投料用量严格符合核定的标准，可以编制外加法"产品原料定量和售价计算单"，如表5-3所示。

表5-3　　　　产品原料定量和售价计算单（外加法）

产品名称：甜酸肉

项　目		计量单位	定　量	单位（元）	金额（元）
产品成本	合　计	元			8.80
	猪　肉	千克	0.2	29.20	5.84
	砂　糖	千克	0.075	6.00	0.45
	生　油	千克	0.075	17.73	1.33
	鸡　蛋	个	1	0.50	0.50
	调味品	元			0.38
	燃　料	元			0.30
加成率					80%
销售价格		元			15.84

从上表可以看出，用外加法计算价格，简单明了，并易于掌握，所以在饮食业大多数师傅都运用此法计算价格。但不足的是在会计核算上，不易反映产品销售总额中毛利所占的比重，因此饮食业财会人员都不采用此法。

利用成本毛利率法计算价格的公式，还可以在已知价格和成本毛利率的条件下计算出成本。

因为：　　　$C(1+r_1) = S$

所以：　　　$C = \dfrac{S}{1+r_1}$

即： $$成本 = \frac{产品销售价格}{1+成本毛利率} \quad \cdots\cdots\cdots\cdots (5)$$

〔例〕已知上海饭店"炒菊红"每盘售价为34元,成本毛利率为70%,问此菜每盘成本是多少?

解：$C = \frac{S}{1+r_1} = \frac{34}{1+70\%} = 20$（元）

答：炒菊红每盘的成本为20元。

二、销售毛利率法（内扣法）

销售毛利率法,是以产品销售价格为基础,按照毛利与销售价格的比值计算价格的方法。设以 r_2 表示销售毛利率,其公式推导如下：

我们知道,销售毛利率就是毛利除以售价的比值：

$$\frac{m}{s} = r_2 \quad \cdots\cdots\cdots\cdots (6)$$

由此可得

$$m = Sr_2 \quad \cdots\cdots\cdots\cdots (7)$$

以式（7）代入式（2）得

$S = C + Sr_2$

即　$S - Sr_2 = C$

$S(1-r_2) = C \quad \cdots\cdots\cdots\cdots (8)$

故　$S = \frac{C}{1-r_2} \quad \cdots\cdots\cdots\cdots (9)$

即： $$产品销售价格 = \frac{成本}{1-销售毛利率}$$

这种方法在饮食业习惯上又称之为"内扣法"。

〔例〕拔丝苹果一盘,用料规定是：苹果500克（2.60元）,糖200克（1.00元）,面粉50克（0.18元）,淀粉50克（0.22元）,生油200克（1.88元）,燃料0.32元,试求每盘销售价格。

解：第一步，计算成本：

2.60+1.00+0.18+0.22+1.88+0.32=6.20（元）

第二步，按特色菜肴核定内扣毛利率为48%。

第三步，计算价格，把产品成本和毛利率代入计算公式。

$$S = \frac{C}{1-r_2} = 6.20 \div (1-48\%)$$
$$= 6.20 \div 0.52 = 11.92 （元）$$

答：拔丝苹果每盘的销售价格为11.92元。

〔例〕红烧黄花鱼一盘，其用料规格是：黄花鱼500克（6.92元），生油75克（1.33元），葱、姜、醋、酱油、味精、糖等调料少许（0.63元），燃料0.37元，试求每盘售价。

解：第一步，计算成本

6.92+1.33+0.63+0.37=9.25（元）

第二步，按一般菜肴核定内扣毛利率为40%。

第三步，代入计算公式：

$$S = \frac{C}{1-r_2} = \frac{9.25}{1-40\%} = 15.42 （元）$$

答：黄花鱼每盘售价15.42元。

用内扣法计算价格，对毛利在销售额中的比重一目了然，有利于核算管理，故为饮食企业财会人员在计算价格时普遍采用的这种方法。

计算出产品的成本和销售价格后，应立即编制《产品原料定量和售价计算单》，如表5-4所示。

表 5-4　　　　产品原料定量和售价计算单（内扣法）

产品名称：拔丝苹果　　　销售单价：11.92 元　　　销售毛利率：48%

原材料名称	计量单位	定量	单价（元）	成本金额（元）
苹　　果	千克	0.5	5.20	2.60
糖	千克	0.2	5.00	1.00
面　　粉	千克	0.05	3.60	0.18
淀　　粉	千克	0.05	4.40	0.22
食　　油	千克	0.2	9.40	1.88
燃　　料	元			0.32
合　　计	元			6.20

此计算单一般由财会人员、生产管理人员和厨师共同制定。因此，在烹制菜点时，厨师必须按计算单上规定的定量标准使用原料，生产管理人员也应据以检查配料定额的执行情况，以防止原料的浪费并保证产品的质量。同时，饮食企业应当在积极节约原材料的情况下，应采用成选择更先进的配料定额，从而进一步减少顾客的开支，并为企业增加营利。

利用式（8）可以在已知价格和销售毛利率的条件下，计算出产品成本。

〔**例 1**〕已知上海饭店的"炒辣酱"每盘售价 2.86 元，销售毛利率为 38%，问该菜每盘成本是多少元？

$$产品成本 = 产品价格 \times (1 - 销售毛利率)$$
$$C = S(1 - r_2)$$
$$= 2.86 \times (1 - 38\%)$$
$$= 1.77 \text{（元）}$$

答：炒辣酱每盘的成本是 1.77 元。

〔例〕中原大酒店接待供应筵席 15 桌，每桌售价 800 元，规定销售毛利率为 55%，试问总共投入耗费的原材料和燃料成本应为多少元？

筵席成本＝筵席销售额×（1-销售毛利率）

$C = S(1-r_2) = 800 \times 15 \times (1-55\%)$
$= 12000 \times 45\% = 5400$（元）

答：总共投入耗费的原料和燃料成本应为 5400 元。

三、利润率法

利润率法，是以饮食产品的成本费用总额为基数，再加目标利润计算产品价格的一种方法。

其计算公式是：

$$产品销售价格 = \frac{成本费用总额 \times (1+利润率)}{1-税率}$$

（注：成本费用总额＝成本额+费用额）

〔例〕某酒楼供应的普通筵席，每桌耗用原材料和燃料成本 250 元，耗用其他费用 163 元，普通筵席一般利润率为 15%，规定营业税率 5%，试计算该筵席每桌售价应为多少元？

解：代入计算公式：

$$筵席售价 = \frac{(250+163) \times (1+15\%)}{1-5\%} = 500（元）$$

答：该筵席每桌售价应为 500 元。

运用此方法计算的产品价格，其实际赢利接近于（略低于）目标利润水平，既不受物价上涨成本提高的影响，又避免了费用增大带来的困扰，也能保证企业的基本利润，故在许多地区推行中受到企业的欢迎。

四、分类加价法

分类加价法是对不同菜肴分类制订加价率，进行价格计算的一种方法。其计算公式是：

$$产品销售价格 = \frac{产品成本}{1-（费价率+加价率）}$$

〔例〕 某餐厅平均费用率为35%，该餐厅的高档菜全家福和普通菜炒菜苔的标准成本分别为45元和2.6元，其加价率分别为15%与25%，试计算两道菜肴的售价各为多少元？

解：代入计算公式：

$$全家福售价 = \frac{45}{1-（35\%+15\%）} = 90（元）$$

$$炒菜苔售价 = \frac{2.6}{1-（35\%+25\%）} = 6.5（元）$$

答：该餐厅全家福售价每份90元，炒菜苔售价每份6.5元

分类加价法的基本出发点是使各类菜点的获利能力，不仅依据其成本高低，还应依据其销售量的大小来确定。一般原则是：高成本的菜点应降低其加价率，而低成本的菜点则应提高其加价率；销售量大的菜点应适当降低加价率，而销售量少的菜点则应适当提高其加价率。

五、定价系数法

定价系数法，是按饮食产品加工制作程度及人工耗费分类，制定各类产品的定价系数，以定价系数乘标准产品成本即为产品价格。其计算公式是：

$$产品销售价格 = 产品成本 \times 定价系数$$

〔例〕 某饭店"红烧鸡块客饭"每份成本9.47元，其定价系数为1.9。试计算其每份售价为多少元？

解：代入计算公式：

$$售价 = 9.47 \times 1.9 = 18（元）$$

答：红烧鸡块客饭每份售价为18元。

制订定价系数，通常将各种菜点分为制作、半制作和非制作三大类。如烤鸭、蒸肉等属制作类，某些冷菜及只需较少加工烹制的菜点可纳入半制作类，而像水果、饮料等以及只需极少加工的菜点则可归为非制作类。将各类菜点的营业收入除以该类的原料、燃料成本，即为各类的定价系数。一般制作类的定价系数高于半制作类，而半制作类的定价系数又高于非制作类的定价系数。但是，定价系数一经制定应保持相对稳定，不可经常变动，以免给计算价格工作造成混乱。

第五节 饮食产品毛利率的换算

一、毛利率换算公式

从上面销售毛利率和成本毛利率计算方法来看，各有其优点，但从分析财务成果上看，销售毛利率法优于成本毛利率法。因为财务会计中的各项指标，如费用率、税金率、资金周转率、利润率等，都是以销售额为基数计算的，这和销售毛利率的计算口径相一致。为了便于比较，可以把这些重要财务指标相互之间的关系，用下列公式表示：

销售毛利率＝费用率+税金率+利润率

如果用成本毛利率计算的话，上列公式就不能适用（即不相等），因为成本毛利率计算是以成本为基数，这对于分析、检查和编制计划来讲都很不方便。

但从计算售价上看，成本毛利率法却比销售毛利率法较为简便，因为成本毛利率法是用外加的方法，即：售价＝成本×（1+成本毛利率），故成本毛利率也称为外加毛利率；

而销售毛利率法是用内扣的方法，即：售价＝成本÷（1－销售毛利率），故销售毛利率也称为内扣毛利率。这种方法，不论用笔算也好，还是用珠算，习惯使用外加的加法和乘法比较方便，所以，在实际计算工作中，大多数不愿用内扣的减法和除法，为了解决这个矛盾，计算售价时，经常把内扣毛利率换成为外加毛利率。其换算公式如下：

$$外加毛利率 = \frac{内扣毛利率}{1-内扣毛利率}$$

$$内扣毛利率 = \frac{外加毛利率}{1+外加毛利率}$$

若以第三节所用符号，上两式可表示如下：

$$r_1 = \frac{r_2}{1-r_2} \quad \cdots\cdots\cdots\cdots\cdots\cdots\cdots\cdots\cdots (10)$$

$$r_2 = \frac{r_1}{1+r_1} \quad \cdots\cdots\cdots\cdots\cdots\cdots\cdots\cdots\cdots (11)$$

二、毛利率换算举例

为了通过实际的换算，熟练地掌握两种毛利率的换算法，下面列举两个换算实例。

〔例〕四川饭店供应的"鱼香肉丝"，外加毛利率72%。试换算为内扣毛利率。

解： $r_2 = \frac{r_1}{1+r_1} = \frac{72\%}{1-72\%} = 41.86\%$

答：72%的外加毛利率，换算为内扣毛利率是41.86%。

〔例〕江苏酒家供应的"花仁鸡丁"，内扣毛利率39%，试换算为外加毛利率。

解： $r_1 = \frac{r_2}{1-r_2} = \frac{39\%}{1-39\%} = \frac{39\%}{61\%} = 63.93\%$

答：39%的内扣毛利率，换算为外加毛利率是63.93%。

为了便于计算销售价格，现附《毛利率换算对照表》

一份，具体如表5-5所示。

表5-5　　　　　　　　毛利率换算对照表

内扣毛利率%	外加毛利率%	内扣毛利率%	外加毛利率%	内扣毛利率%	外加毛利率%
21	26.6	31	44.9	41	69.5
22	28.2	32	47.1	42	72.4
23	29.9	33	49.3	43	75.4
24	31.46	34	51.5	44	78.6
25	33.3	35	53.9	45	81.8
26	35.1	36	56.3	46	85.2
27	37	37	58.7	47	88.7
28	38.90	38	61.3	48	92.3
29	40.9	39	63.9	49	96.1
30	42.9	40	66.7	50	100.0

第六节　饮食产品价格的调整

饮食产品价格制定以后，还应随着社会劳动生产率的发展，和市场供求关系的变化，根据饮食价格具有复杂性、灵活性、时令性和季节性等的特点，进行必要的调整。

饮食价格的调整直接关系到国家、企业和消费者利益，是一件十分细致复杂的工作，因此必须采取正确的步骤和方法。

饮食价格调整工作通常要经历三个步骤：一是看准时机。即要有一定的预见性，也就是在调价时机成熟时，及时作出调价的决策。二是分析实力。其主要包括分析企业的生产、经营服务接待能力,以及管理水平、业务质量、企业声誉等。只有将市场需求变化与本企业的实际结合起来,调整价格才具有坚实的基础。三是制定调价方案。在看准时机,分析实力的基础上,是否调价,怎样调价,还必须以国家经济政策为依据,制定具体的调价方案,呈报物价部门和饮食业行政主管部门审定备案。

在具体调价方法上,应根据影响饮食产品价格调整的各种因素进行,但主要有以下几种方法:

一、综合比例法

这种方法一般适用于饮食业的政策性调价。它往往是在国家经济政策物价政策发生变动时所采用。因而这种价格调整具有一定的综合性、普遍性。而且,这种方法是以原定价格为基数,由物价部门和行业主管部门提出调价幅度,企业按要求进行价格调整。其计算公式为:

新调价格=原定价格+原定价格×调价百分比

二、成本比例法

这是适用于原材料成本上升,需要调整价格的一种方法。一般是根据市场农副产品价格和主要消费品比价变动情况,分析饮食成本变动程度,然后根据综合成本变动率或单件产品成本提高幅度,在国家物价政策许可范围内,进行价格调整。在具体方法上,可根据单件产品成本变动情况进行调价,其计算公式为:

$$新调价格 = \frac{原产品成本 + 新增成本}{1 - 销售毛利率}$$

三、销售人员意见法

这种方法一般是在市场供求关系发生变化,如季节变化、时令变化等,需要调整部分饮食价格时进行的一种方法。其方法是由主管人员召集服务销售人员开会,分析市场状况和顾客反映,找出那些价格偏低供不应求或价格过高无人问津的部分产品或服务项目,分析具体原因,让大家充分发表意见,然后确定需要调价的品种或项目,确定调价幅度,进行价格调整。

四、喜爱程度法

饮食产品花色品种繁多,顾客对各种产品的喜爱程度不同,可以通过分析顾客对饮食产品的喜爱程度,了解生产经营情况和价格的合理与否。喜爱程度法是以历史统计资料为依据,计算顾客对各种饮食产品有支付能力的喜爱程度。喜爱程度高说明产品质量好、价格合理。如果喜爱程度很高,而且总是供不应求,就可以适当提高价格,反之,则应适当降低价格。喜爱程度计算公式为:

$$喜爱程度 = \frac{某种产品的销售总份数}{用餐顾客总数}$$

思考题

1. 合理确定饮食产品的销售价格有什么重要性?
2. 饮食产品的定价原则和计价程序是什么?
3. 饮食产品价格的核算方法有哪几种?各有什么特点?
4. 什么叫做毛利率?毛利率与饮食产品价格有什么关系?为什么必须合理确定饮食业的毛利率?
5. 什么是成本毛利率和销售毛利率?两者之间是如何进行相互换算的?
6. 饮食产品为何要进行价格调整?怎样进行价格调整?

第六章　加强成本管理和提高经济效益

认真地计算饮食产品的成本，从而精确地核定产品价格，是成本核算的第一个任务。成本核算还有第二个任务，那就是通过核算，加强对成本的管理，促使合理降低成本，促进企业改善经营管理，提高经济效益。

产品的成本要素不同，降低成本的途径也不尽相同。饮食产品的成本要素仅限于生产原料和燃料，其他要素均列入生产经营费用，所以，就提高企业经济效益来说，既要从合理降低原料的成本着手，更要多方面努力降低生产经营费用。

饮食产品的原料，从最初购进到制作成品，直至销售，需要经过采购进货、贮藏保管、加工生产（切配、烹调等）、销售服务等经营环节，每个环节的工作质量都直接关系着产品的成本。要降低饮食产品的成本，必须抓住这些环节，切实改善经营管理。

第一节　抓好采购进货

一、采购进货的要求

采购进货是饮食企业的第一个生产经营环节，为了保证生产活动的正常顺利进行，必须有计划地合理地组织原料采购。由于饮食产品原料种类繁多，季节性很强，品质差异较大，而进货质量又直接与原料的净料率相关，因此，采购进货对于降低饮食产品的成本有着很重要的影响。采购人员必须具有丰富的业务知识和很强的责任感，增强精打细算的意识，在采购过程中处处为降低产品成本着想。

采购进货的具体要求是：

1. 品种必须对路。即采购的货物必须适销，也就是说所采购的原材料能生产出畅销的产品。为此，原材料的采购要"以销定进"和"以进促销"。

2. 质量必须优良。就是所采购的原材料必须具有较高的使用价值，货真价实，出品率高。坚决防止变质原料购入企业。

3. 价格必须合理。就是所购货物的价格与价值基本相符，所购原材料价格与其他商品价格的比价合理。要认真核算其出品率，切实保证原材料价格的合理性。坚持杜绝在进货价格中弄虚作假、拿回扣等贪污舞弊行为。

4. 数量必须适当。要求进货数量既能保证企业日常生产、供应的需要，又不造成人为的库存积压。进货数量适当是库存合理的基础，要根据本单位生产经营情况和市场货源情况正确地确定进货数量。一般来说应该"勤进、少进"，即进货次数可以多些（间隔期短），但每次的进货量应该少些。

5. 费用必须节省。采购中的费用可以少花的应尽量少花；能够不花的坚决不花，这样才能直接地降低成本和费用开支。

6. 凭证必须齐全。切实做到每一笔采购都要有单据，都要进行检斤、过秤、检查质量、验收。各项经济手续清楚完备，以便堵塞各种漏洞，防止原材料不应有的散失和损耗。

二、采购的渠道与方法

(一) 采购的渠道

根据改革、开放、搞活的精神,饮食企业可以多渠道组织进货、采购原料。既可向国有商业部门采购原料,也可以向食品工业部门采购原料,还可以在集贸市场采购原料,既可向本地工商企业采购所需原料,也可以向外埠工商企业采购所需原料。尤其是对一些地区差价高的原料,对各地区的一些土特产高档原材料,可考虑安排向外埠采购。对一些鲜活原料,还可以直接向农场、渔场或农村生产专业户采购。

(二) 采购的方法

按照灵活多样的方针,在采购方法上力求多种形式。主要的方法有:集中采购,即由专门机构或专职人员统一采购的方法;分散采购,将采购权适当下放到班、组,由班组负责采购的方法;联合采购,即由独立经营的同类企业联合派出采购人员进行采购的方法;鉴定购货合同或委托代购的方法;坐店挂牌收购以及行业内部相互调剂的方法,等等。

要抓好采购进货工作,还必须注意提高采购员的素质。采购人员应熟悉业务,熟悉市场行情和及时掌握货源信息,并还要了解社会的消费习惯和本单位供应对象的消费需求,以加强采购工作的针对性。同时,要建立采购工作岗位责任制,以便保证采购工作的顺利进行。

第二节 加强储藏保管

原料的储藏保管,对原料——不论是毛料、净料或是调味品的质量与损耗,都有十分密切的关系。如果储藏保管不善,则原料质量下降,损耗增加,就会导致产品成本的升高,直接影响到企业的收益。因此,加强原料的储藏保管工作,建立和健全严密的原料储藏保管制度,是降低产品成本的第二个重要环节。

一、粮油和一般干货原料的储藏保管

粮、油和一般干货原料、调味品的储藏保管,大多数是由仓库或保管部门直接负责的。所以,仓库或保管部门必须做好以下工作。

1. 要准确记账。对所储藏原料要按品种建立分类账,并在出入仓库时认真及时地做好记录,做到账货相符。

2. 要严格验收。原材料购进之后,要有专人验收。验收人员应根据进货发票所列的品种、规格、单位、数量、金额等认真细致地逐一点收。如发现规格、数量、金额等不符的情况,应及时与发货单位联系更正;如遇原料质量很差甚至已霉烂变质时,应作退货处理,以保障人民身体健康。

3. 要及时发料。原料入库后,生产车间领用,应填写"领料单"或"领料卡",办理领料手续,保管人员凭单或卡及时发料。并且要贯彻先进先出原则,即先入库的先发,后入库的后发,以防原料日久变质。

4. 要随时检验翻晒。对库存原料,要随时进行检验,并及时进行翻晒。在梅雨季节和对某些滞销易腐品尤其要特别注意。

5. 要定期盘点结算。原则上应10天盘点结算一次。目前,在饮食业中普遍实行月末盘点的制度,应该说是最低的要求。结算时要认真进行盘点,做好盘点记录。如果遇有账货不符，应认真分析原因，如自然损耗、整进零出损耗等（最好能摸索出各种原料的增损规律），并及时进行复查。同时，还要认真准确的盘点结存，以保证饮食成本的真实性。

二、鲜活原料的储藏保管

鲜活原料一般由生产部门直接保管，而且大多数采用冷藏的方法。鲜活原料较一般干货原料更易变质，在保管上尤其应当心。其主要应做好以下工作。

1. 要专人负责。对所进鲜活原料，一定要有专人负责保管。保管者应加强业务学习，丰富业务知识，不仅要懂得各种原料的性质，而且要熟悉其可储藏期，以防止原料的变质。

2. 要坚持先进先出和先拆先用。原料购进后，必须及时宰杀拆卸处理，而且要先拆先用，防止原料的变质。特别在梅雨季节和夏季，更应引起足够的重视。

3. 要勤翻冰箱。冰箱是鲜活原料储藏保管的主要工具，作为一个烹饪工作者，一定要懂得使用冰箱的一般常识。冷藏在冰箱里的鲜活原料，一定要根据季节特点和各种原料的可贮期及时进行翻箱，以调节原料的受冷面，降低其内部的温度，否则极易发生霉变，造成损失。

在具体使用上还需要注意以下六点：

（1）冰箱要勤冲勤洗。夏天每周至少两次，冬天不少于一次。这是因为箱底有血污沉积，容易引起细菌繁殖，污染原料，造成变质。在电气冰箱冲洗时，应把凝冻在管子上的冰块除掉，使冷气易于透出。

（2）鸡鸭和鱼虾要分开存放，因为鸡鸭碰到鱼虾，烧熟后皮色会发黑，甚至脱皮。

（3）猪肉肉皮要朝上，否则会影响质量。

（4）经过热处理的原料，要待冷透后放入冰箱，否则极易损坏冰箱。

（5）娇嫩的原料，冷气一定要足，否则容易变质或影响质量。

（6）有腥味的原料与无腥味的原料要分开储藏，否则无腥味的原料会吸附腥味。

4. 要勤换水。有些净料要浸放在水罐里，以防变质或影响质量，饮食业中称之为"水料罐选"或"水罐头"。水罐头不能用铝桶、木桶，而要用陶器罐头。这是因为铝桶容易生锈，木桶吸水性强，容易吸附气味，而且易使原料变质。

换水工作，一般应注意以下三点：

（1）要多看、多嗅、多换，发现问题，应及时处理。

（2）要时时保持水质清洁，如水稍浑或有泡沫泛出，应赶紧处理。

（3）豆腐、血等软性易碎原料换水时，不能把水直接冲到原料上，以免冲碎而导致损耗。

5. 要搞好活养。有些原料采购时是鲜活的，要设法不使死去而影响质量。养活河鱼，不能直接用自来水，而应将自来水放置过夜，让水中氯的成分大部逸出，再行应用，如能用河水或井水则最好。养黄鳝除用水同上述要求外，还要放入泥鳅，让其上下钻窜透气，方能久养不死。养海中甲壳类（蚶子、蛤子等）或青蟹一类，可在水中酌加食盐，使与海水盐分浓度相近。此外，还需防止蚊咬猫食，因为甲鱼被蚊咬后就很容易死去。有些浑水河鱼本身有泥土气，如在清水中养几天后再行宰杀，可免除或减轻泥土气味。

6. 要采用合理的方法解冻。凡冰冻原料购进后不急需应用的，不要化开，这样可延长储藏期。冰冻原料要用自来水解冻化开，不要性急图便，用热水来化冻，以免影响质量。从冰箱中拿出来的原料，必须及时用掉，否则容易变质。

7. 认真检点原料。每天落市后及次日上市前，应对剩下的净料或鲜活原料进行一次检点，以防变质。如发现散失、短缺等情况，应及时查清原因。

三、半制成品、制成品和某些调味品的保管

半制成品和制成品的保管，也是生产部门（如切配、烹调等部门）直接负责的。这些半制成品一般也应放在冰箱中，其保管制度和方法，可参考鲜活原料的储藏制度和方法。此外，还需注意下列两点：

1. 隔夜原料（包括卤味、制成品、调味品中的熟油和上汤等）一定要回锅重烧，特别在黄梅季节更要这样做。同时，对这些品种的加工数量要根据销售量掌握好，防止过多，因回烧一次就损耗一次，这样会影响企业的毛利率。当然，也要防止储备过少而脱销。

2. 对某些易变质的调味品，例如熟油、果酱、甜酱、番茄沙司等，应要做到少领、勤领、随用随领，以防时久变质。

第三节 提高操作水平，扩大销售服务

一、提高切配技术

切配是决定主、配料成本的重要环节。切配时应根据供应情况，坚持节约的原则，整料整用，大料大用，小料小用，下脚废料综合利用，做到统筹安排，这样才能使其物尽其用。

切配人员是配菜的直接责任者，既要确定产品的规格、质量，又要根据规格、质量配菜。在确定产品的规格、质量时，应从全局出发，按市场的实际供应情况，有什么，配什么，销什么，以调节市场，满足消费者的需要。配菜时，应严格保证产品的规格、质量，因为这直接关系到产品的成本。产品的规格、成本既已核定，如果配菜时不按规格、质量办事，从而就会使该个产品的成本核算任何失去意义。

此外，在第二章中我们已经叙述了，净料率的高低和拆卸技术有密切的关系。因此，必须不断提高拆卸技术，提高净料率，才能减少浪费，降低成本。

为了充分做好切配部门的工作，除必须了解市场供求情况，加强与采购人员的联系、指导采购，以及采取切实措施提高净料率、保证质量、减少损耗、降低成本外，还应该根据分档原材料的质量，综合利用，做到物尽其用，并严格按照产品的规格、质量办事。

为了保证达到上述要求，应该建立以下各项的制度：

1. 净料率记录制度。随时做好净料率记录，并根据这些记录的资料进行分析,研究净料率最低的原因,以求得更精确的净料率。

2. 与采购部门联系的制度。除经常联系沟通情况外,还应定期交流净料资料(记录),以利于共同加强对原料的规格、质量的掌握,并且不断改进净料处理技术。

3. 产品记录制度。每个产品(不论菜肴或点心)都应随时记录,以便根据这些记录研究产品的规格、质量,分析成本核算的精确程度,以期不断提高质量和成本核算的精确度。

4. 逐菜核算制度。新品种上市前,一定要首先对其成本进行核算,而后根据其成本、规格进行切配,反对配而不算,算而不核。

5. 逐菜下料制度。配菜时,任何产品的任何原料,都应该按规定的规格、重量逐一过秤,不能单凭经验随手抓。论个数的原料(如鱼丸、肉丸等),则应按规定的个数配,不能多配,也不能少配。

6. 张贴成本核算表制度。成本核算表一般应包括以下内容:

(1) 菜点名称;
(2) 主料的名称、规格、重量及其成本;
(3) 配料的名称、规格、重量及其成本;
(4) 调味品的名称、规格、重量及其成本;
(5) 燃料成本;
(6) 产品的总重量和总成本;
(7) 毛利率;
(8) 售价。

二、保证烹调质量

饮食产品的质量好坏,在很大程度上与烹调直接相关,因为烹调与企业的成本核算有着密切关系。从产品的操作过程来看，烹调工作与产品成本有直接关系的因素有两个：一是调味品的用量及其质量；二是烹调所用燃料以及产品质量等。因此，烹调工作者应十分注意节约调味品和燃料开支，努力提高产品的合格率。

烹调部门应该明确的以下工作要求：

1. 严格执行产品的调味品成本规格，这不仅使产品的成本精确，更重要的是产品的规格、质量也能保证稳定。

2. 提倡小锅操作，一锅一份菜，至多三份一锅。尤其要防止按小锅操作计算调味品的成本，而实际用大锅操作，来欺骗消费者的恶劣现象。因此，在实际操作中应严格按确定的规格、质量办事，以保证产品质量和成本精确。

3. 努力提高烹调技术，做到投料精确，自始至终不多不少，力求减少废品，以免影响企业的总成本。

4. 节约燃料。燃料是工业的粮食，不论是为了社会主义国民经济建设，还是为了降低企业成本支出，都应遵循勤俭节约。

三、扩大销售服务

销售是企业经营的终点，企业一切经济活动都是为了销售，饮食企业把采购回的原材料，经过加工制作成菜点，只有把这些菜点销售出去，才能满足消费者的需要，同时企业也才能得以继续生产和扩大再生产。

饮食企业的销售与产品原材料成本虽然不发生直接联系，但却与企业的总成本费用密切相关。所以，销售服务工作人员也必须牢固树立成本观念，与生产部门紧密联系，共同加强成本核算与管理，具体要做到以下三点。

1. 热情接待顾客，主动介绍产品质量、特点，当好顾客参谋，努力提高服务质量，积极扩大销售额，加速资金周转，促进企业的积累。

2. 熟悉各种产品的耗料标准、规格、质量，牢记各种产品的销售价格，及时结账收费，准确无误。同时，对生产部门是否认真执行成本核算所规定的产品质量标准进行监督，凡不符合规定标准的产品，应退回生产部门重新制作，确保产品质量。

3. 加强工作责任感，不断提高业务水平，提高服务结算能力，防止漏账、逃账，以减少和避免损失。

第四节　降低经营管理费用

饮食企业要保证和提高企业收益，光靠认真贯彻成本核算还不够，还必须同时力求降低各种经营管理费用，以及完成和扩大销售计划。企业的经营管理费用越低，纯收入也就越高。任何企业，都必须努力增加生产，厉行节约，勤俭办企业，以求最大限度地降低企业的经营管理费用，增加企业收益，为国家提供更多的利税。

一、企业的经营管理费用

饮食企业的经营管理费用大致有以下一些项目：

（1）运费及装卸费；

（2）包装费；

（3）保管费；

（4）水电费；.

（5）保险费；

（6）卫生清洁费；

（7）物料消耗；

（8）利息；

（9）工资；

（10）职工福利费；

（11）折旧及摊销；

（12）修理费；

（13）租赁费；

（14）零星购置；

（15）其他费用（包括邮电汇费、文具印刷费、差旅费、广告宣传费等）。

上述各项经营管理费用，都是在企业的日常经营活动中发生的，都有不少节约的潜力。费用的大小，直接关系着企业的纯利率，所以企业要提高收益，必须在认真加强成本核算、完成或扩大产销计划的同时，积极设法降低经营管理费用。

二、降低费用的几个环节

降低经营管理费用，一般说应从以下几个方面着手：

1. 要订出明确合理的费用指标，并保证其实现。在执行过程，要经常注意进行费用的分析和检查，找出影响费用指标的各种因素，及时采取改进措施。在日常经营中要坚持勤俭办企业，节省费用开支，力求减少非生产性的支出。切实做到：该花的则花，不该花的坚决不花。

2. 要加强财产的维护和管理，减少财产损耗，提高生产设备的利用率。这样，就可以相对减少折旧摊销以及修理、租赁、零星购置等费用。为能切实做到这一点，企业必须建立和健全相应的财产管理制度，按类或分部门进行财产保管，加强保管和使用上的责任制。

3. 要科学地组织生产，充分发挥各部门的组织作用，不断开展技术革新,提高劳动生产率。要严格劳动纪律,克服松懈疲沓等不良倾向,加强生产上的责任制,做到事有专人,人有专职。劳动生产率的提高,意味着劳动力和劳动时间的节约,这样就可以减少企业的生产人员,从而有利于进一步降低费用。

4. 要开展增收节支活动,组织劳动竞赛。在开展增收节支活动的过程中,要有明确的增收节支指标和实施办法。企业领导者要深入第一线,随时注意检查进展情况,发现好人好事,应及时做好宣传好人好事活动,并要积极做好经验交流,开展劳动竞赛活动,而且要不断进行总结经验,使整个活动与企业各个时期的中心任务紧密地结合起来。

思考题

1. 要达到采购进货的要求,采购人员在工作过程中必须注意哪些问题?
2. 鲜活原料应如何储藏保管?你在实践中有哪些经验、体会?
3. 半制成品和制成品在清点和保管中应注意哪些问题?
4. 切配部门应该做好哪些与降低成本有关的工作?
5. 烹调工作与产品成本有哪些关系?
6. 降低费用要从哪些方面着手?试述其具体内容?

附录一

饮食产品成本、毛利率和售价核算参考表

金额单位：元

1. 米制品类

品名	单位	耗用原材料数量	合计成本	售价	毛利额	毛利率%
发米粑	100个	籼米4.85千克，二面150克，糖250克，糖精4克，碱少许	18.50	30.00	11.50	38.33
杯子发糕	100个	籼米5千克，糖0.7千克，糖精2克，碱少许	18.55	30.00	11.45	38.16
桂花夹心发糕	100个	籼米5千克，白糖0.7千克，红糖350克，糖桂花100克，碱少许	24.65	40.00	15.35	38.38
米利馍	100个	籼米5千克，糖精4克，芝麻0.25千克，油，碱少许	18.40	30.00	11.60	38.66
水磨年糕	50千克	粳米50千克，油50千克	102.25	160.00	57.75	36.09
年糕坨	100个	粳米5千克，糖0.65千克，芝麻0.25千克，黄醋少许	32.75	50.00	17.25	34.50
糯米饭	5千克	粳米5千克，糖0.5千克，芝麻0.25千克	33.10	50.00	16.90	33.80
药枣桂花稀饭	5千克	粳米5千克，糖1.25千克，桂花0.25千克，红枣0.75千克，糖精2克	48.95	75.00	26.05	34.75
糯米包油条	100份	糯米10千克，二面2千克，黄豆粉0.25千克，糖1.25千克，芝麻0.65千克，油0.55千克，矾，碱少许	65.00	100.00	35.00	35.00
糍粑	5千克	糯米5.25千克，糖0.9千克，芝麻0.25千克，麻油25克	32.90	50.00	17.50	34.20

注：合计成本中包括燃料费（下同）

续表

品名	单位	耗用原材料数量	合计成本	售价	毛利额	毛利率%
小枣切糕	100份	糯米5千克、白糖0.5千克、红枣1.25千克、红糖1千克、桂花100克	53.30	80.00	26.70	33.38
粽 子	100份	糯米5千克、粽叶4千克、粽草0.5千克	27.70	40.00	12.30	30.73
吊浆汤圆	100份	糯米5千克、糖0.55千克、桂花0.25千克	33.30	50.00	16.70	33.40
蠢式元宵	100份	糯米4.75千克、二面0.25千克、糖1千克、桂花150克、橘饼200克、芝麻100克	48.50	75.00	26.50	35.30
宁波汤圆	100份	糯米5千克、糖1.875千克、猪板油1.15千克、黑芝麻0.6千克、桂花0.1千克	109.30	175.00	65.70	37.54
元松糕	100块	糯米粉8.5千克、大米粉1.1千克、豆沙1千克、糖1千克、猪油0.5千克、麻油0.05千克、色素少许	62.80	100.00	37.20	37.20
赤豆糕	100块	糯米粉3.7千克、大米粉0.8千克、麻油0.5千克、糖1千克、赤豆0.5千克、猪油0.05千克、麻油0.5千克、色素少许	64.40	100.00	35.60	35.60
麻 团	100个	糯米粉5千克、糖1.25千克、芝麻0.5千克、麻油50克	56.30	90.00	33.70	37.44
鲜肉豆皮	100盘	籼米2.1千克、糯米7千克、绿豆0.9千克、肉2.25千克、猪油1.25千克、鸡蛋1千克、调味品少许	199.80	300.00	100.20	33.40
三鲜豆皮	100盘	籼米2.25千克、糯米6.5千克、绿豆1.25千克、肉3千克、猪油1.65千克、鸡蛋2千克、口条少许	269.25	400.00	130.75	32.69

饮食产品成本、毛利率和售价核算参考表

2. 面粉制品类

金额单位：元

品名	单位	耗用原材料数量	合计成本	售价	毛利额	毛利率%
鲜肉大包	100个	精白面5千克，无皮腿肉1.2千克，酱油、味精、小葱、调味品少许	60.20	90.00	29.80	33.11
酱肉大包	100个	精白面5千克，无皮腿肉1.5千克，白糖150克，小葱、调味品少许	65.25	100.00	34.75	34.75
水晶大包	100个	精白面5千克，生板油0.75千克，白糖1.5千克，糖桂花、桔饼、调味品少许	64.80	100.00	35.20	35.20
麻蓉大包	100个	精白面5千克，白糖1千克，猪油100克，芝麻100克，桂花、调味品少许	57.05	90.00	32.95	36.61
天津小包	100份	精白面5千克，腿肉3.5千克，小麻油200克，酱油、葱、姜、调味品少许	118.70	180.00	61.30	34.06
苏式汤包	100份	精白面5千克，腿肉4.25千克，皮冻1.5千克，鸡蛋300克，小麻油200克，调味品少许	191.90	300.00	108.10	36.03
武汉汤包	100份	精白面5千克，腿肉6.5千克，肉皮2千克，小麻油15克，调味品少许	259.50	400.00	140.50	35.13
生煎包子	100份	精白面5千克，腿肉2千克，食油0.65千克，豆瓣酱0.75千克，调味品少许	96.75	150.00	53.25	35.50
锅贴饺子	100份	精白面5千克，腿肉2.75千克，食油0.65千克，瓜菜、味精、调味品少许	98.70	150.00	51.30	34.20

续表

品名	单位	耗用原材料数量	合计成本	售价	毛利额	毛利率 %
北方饺子	100份	精白面5千克，腿肉2.75千克，麻油0.25千克，瓜菜酌量，葱、姜、调味品少许	118.40	180.00	61.10	34.22
鲜肉蒸饺	100份	精白面5千克，腿肉2千克，麻油150克，瓜菜酌量，葱、姜、调味品少许	92.30	140.00	47.70	34.07
重油烧卖	100份	精白面3千克，糯米2千克，腿肉1千克，肉皮1千克，猪油0.75千克，调味品少许	96.00	150.00	54.00	36.00
千层花卷	100个	精白面5千克，麻油0.25千克，小葱、调味品少许	26.60	40.00	13.40	33.50
面发糕	100个	精白面5千克，白糖0.75千克，糖精1.5克，调味品少许	25.90	40.00	14.10	35.25
和糖烧饼	100个	二面5千克，芝麻100克，味精3.5克，油、碱调味品少许	26.80	40.00	13.20	33.00
葱油烧饼	100个	二面5千克，芝麻200克，油100克，盐、碱调味品少许	55.00	80.00	25.00	31.25
小酥饼	100份	二面5千克，猪油0.55千克，糖2千克，芝麻0.85千克，桂花150克，调味品少许	100.15	150.00	49.85	33.28
牛肉馅饼	100个	二面5千克，牛肉1千克，油0.9千克，面条0.25千克，调味品少许	92.25	140.00	47.75	34.11
油酥饼	100个	精白面5千克，熟猪油0.55千克，生板油0.85千克，小酥油0.25千克，食油0.25千克，调味品少许	64.00	100.00	36.00	36.00
脂油饼	100个	精白面5千克，生板油2千克，小酥油150克，大酥油0.6千克，糖精、小葱、调味品少许	86.70	140.00	53.30	38.07

饮食产品成本、毛利率和售价核算参考表

金额单位：元

3. 油炸制品类

品名	单位	耗用原材料数量	合计成本	售价	毛利额	毛利率%
油条	100根	二面5千克、油1.4千克、矾、碱、盐125克、调味品少许	33.35	50.00	16.65	33.00
油饼	100个	二面5千克、油0.8千克、矾、碱、盐100克、调味品少许	33.30	50.00	16.70	33.40
油条头	100份	二面5千克、油1千克、矾、碱100克、调味品少许	33.90	50.00	16.10	32.20
油香	100个	二面5千克、油0.75千克、糖0.75千克、桂花50克、芝麻50克、调味品少许	35.00	50.00	15.00	30.00
春卷	100份	精白面5千克、油2.9千克、油2.35千克、味精50克、胡椒50克、时令菜等	118.10	200.00	81.90	40.95
翻撒	100份	二面5千克、油1.7千克、芝麻75克、矾、碱、调味品少许	33.65	50.00	16.35	32.70
面窝	100个	籼米4.5千克、油5千克、黄豆350克、糯米150克、油0.8千克、盐、碱、姜、调味品少许	33.60	50.00	16.40	32.80
油登子	100个	二面5千克、油0.85千克、味精4克、矾、碱少许	24.15	40.00	15.85	39.63
荷花酥	100	精白面5千克、猪油2.25千克、白糖2千克	91.80	150.00	58.20	58.80
菊花酥	100	精白面4.4千克、豆沙1.5千克、猪油2.25千克、白糖1.25千克	90.45	150.00	59.55	39.70

续表

品名	单位	耗用原材料数量	合计成本	售价	毛利额	毛利率%
双盒酥	100个	精白面5千克、猪油2.25千克、白糖1.5千克、芝麻0.5千克、橘饼、桂花少许	91.50	150.00	58.50	39.00
双喜它	100个	糯米4.25千克、二面0.75千克、油0.65千克、糖0.6千克、芝麻400克、调味品少许	34.65	50.00	15.35	30.70
糯米鸡	100个	糯米3.5千克、二面1.5千克、油0.9千克、肉0.5千克、调味品少许	48.70	70.00	21.30	30.43
鸡冠饺	100个	面粉5千克、油0.7千克、肉0.65千克、调味品少许	47.90	70.00	22.10	31.57
炸年糕	100个	糯米5千克、糖0.65千克、油0.7千克、糖精、调味品少许	35.10	50.00	14.90	29.80
炸糖橙糕	100个	糯米4.25千克、绿豆0.75千克、糖0.5千克、油0.625千克、糖精、调味品少许	33.75	50.00	16.25	32.50
炸盐檊粑	100个	糯米4千克、籼米1千克、油0.55千克、芝麻盐、调味品少许	27.15	40.00	12.85	32.13
麻花	100份	二面5千克、油1.35千克、矾、碱、盐、调味品少许	23.65	35.00	11.35	32.43
散子	100份	精白面5千克、油3千克、盐、调味品少许	59.10	100.00	40.90	40.90
酥饺	100个	籼米4千克、精米1千克、油0.65千克、糖0.25千克、糖精、调味品少许	27.30	40.00	12.70	31.75

4. 甜食、粉、面类

饮食产品成本、毛利率和售价核算参考表

金额单位：元

品名	单位	耗用原材料数量	合计成本	售价	毛利额	毛利率%
白糖豆浆	100碗	黄豆2千克、白糖1.55千克等	30.20	50.00	19.80	39.60
小元米酒	100碗	糯米3.5千克、白糖1.05千克、糖精4克等	64.00	100.00	36.00	36.00
全料糊米酒	100碗	糯米5千克、白糖1.3千克、桂花0.25千克、橘饼0.25千克、糖精12.5克等	46.60	75.00	28.40	37.87
伏汁酒冲蛋	100碗	糯米1.75千克、白糖1.55千克、鸡蛋100个等	103.05	175.00	71.95	41.11
桂花赤豆汤	100碗	糯米2千克、赤豆3千克、糖2.3千克、桂花150克	53.25	75.00	21.75	29.00
桂花果羹	100碗	生粉2千克、糖1.5千克、鲜果1.5千克、桂花0.25千克	46.10	75.00	28.90	38.53
八宝饭	100碗	糯米10千克、糖5千克、猪油1千克、元肉、橘饼、莲子、蜜枣等酌量	250.70	400.00	149.30	37.33
糊汤米粉	100碗	细米粉5千克、猪油0.75千克、味精、胡椒等味品少许	49.50	75.00	25.50	34.00
原汤米粉	100碗	宽米粉10千克、猪油0.5千克、时令鲜菜酌量、味精、胡椒等调味品少许	64.90	100.00	35.10	35.10
牛肉米粉	100碗	宽米粉10千克、猪油1千克、鲜牛肉8千克、味精、胡椒等调味品少许	222.30	350.00	127.70	36.40

续表

品名	单位	耗用原材料数量	合计成本	售价	毛利额	毛利率%
热干面	100碗	水切面10千克、麻油200克、芝麻酱0.5千克	64.95	100.00	35.05	35.05
凉　面	100碗	精白面10千克、麻油0.55千克、小麻酱200克、芝麻酱0.75千克、调味品少许	83.85	125.00	41.15	32.92
肉丝面	100碗	精白面10千克、肉2.75千克、猪油0.85千克、味精、胡椒等调味品少许	233.65	350.00	116.35	33.24
牛肉面	100碗	精白面10千克、熟牛肉3千克、麻油1.25千克、味精、胡椒等调味品少许	269.30	400.00	130.70	32.63
炸酱面	100碗	精白面10千克、肉4千克、猪油0.75千克、甜酱0.25千克、味精、胡椒等调味品少许	228.65	350.00	121.35	34.67
枯炒面	100碗	精白面15千克、肉5千克、食油6.5千克、胡椒、味精等调味品少许	282.65	450.00	167.35	37.19
刀削面	100碗	面粉10千克、净肉5千克、猪油1千克、鸡蛋0.5千克、味精、胡椒等调味品少许	261.95	400.00	138.05	34.51
银丝拉面	100碗	面粉10千克、肉4.75千克、猪油1.15千克、鸡蛋0.25千克、味精、胡椒等调味品少许	290.10	450.00	159.90	35.53
原汤馄饨	100碗	馄饨皮5千克、肉5.25千克、鸡蛋0.5千克、猪油0.7千克、调味品少许	221.85	350.00	128.15	36.61
三鲜炒年糕	100碗	年糕22.5千克、丸子、熟肉、熟肚各3千克、油5千克、精等调味品少许	350.50	550.00	199.50	36.27

注：粉和水切面数量均为实际折净粮数量

5. 普通菜肴类

饮食产品成本、毛利率和售价核算参考表

规格：小件

品名	主料 名称	主料 数量（克）	主料 金额（元）	辅料 名称	辅料 金额（元）	调料 名称	调料 金额（元）	燃料费（元）	成本合计（元）	售价（元）	毛利额（元）	毛利率 %
爆肉片	净肉片	125	3.05	蛋、生粉等	0.82	油30克其他适量	0.65	0.30	4.82	7.50	2.68	35.73
炒肉丝	净肉丝	100	2.50	干子、菜等	0.85	油20克其他适量	0.55	0.30	4.20	6.30	2.10	33.33
炒肉片	净肉片	100	2.50	菜	0.80	油30克其他适量	0.65	0.30	4.25	6.40	2.15	33.59
粉蒸肉	生皮肉	180	3.00	米粉等	0.34	油30克其他适量	0.40	0.35	4.09	6.20	2.11	34.03
回锅肉	熟肉	100	3.85	干子等	0.45	油25克其他适量	0.65	0.30	5.25	8.00	2.75	34.33
拔丝肉	熟腰肉	100	2.80	蛋,糖,生粉	0.88	油55克其他适量	0.80	0.35	4.83	7.50	2.67	35.60
木须肉	净肉丝	75	2.00	鸡蛋等	1.90	油50克其他适量	1.00	0.30	5.20	8.00	2.80	35.00
炸猪排	净肉	125	2.80	蛋、面包粉	0.80	油50克其他适量	0.80	0.35	4.75	7.50	2.75	36.67
焦熘里脊	里脊肉	150	4.00	蛋、生粉	0.80	油60克其他适量	1.25	0.35	6.40	10.00	3.60	36.00
蒸糯米丸	净肉茸	150	3.50	糯米等	0.50	味精适量	0.40	0.35	4.76	7.50	2.75	36.67
炸头丸	生腰肉	150	3.00	蛋、生粉等	0.80	油35克其他适量	0.85	0.35	5.00	8.00	3.00	37.50

续表

品名	主料 名称	主料 数量(克)	主料 金额(元)	辅料 名称	辅料 金额(元)	调料 名称	调料 金额(元)	燃料费(元)	成本合计(元)	售价(元)	毛利额(元)	毛利率%
黄焖丸子	熟丸子	125	3.00	菜等	0.80	油15克其他适量	0.50	0.35	4.65	7.00	2.35	33.57
烧杂烩	荤料	200	4.65	菜等	0.85	油20克其他适量	0.65	0.35	6.50	10.00	3.50	35.00
烧牛脯	熟牛肉	125	4.36	菜等	0.80	油25克其他适量	0.80	0.35	6.31	10.00	3.69	36.90
炒牛肉丝	净牛肉丝	140	3.25	菜等	0.80	油25克其他适量	0.80	1.30	5.15	8.00	2.85	35.63
回锅牛肉	熟牛肉	75	2.90	菜	0.40	油30克其他适量	0.80	0.30	4.40	7.00	2.60	37.14
荷包丸子	净牛肉	125	3.00	面筋等	1.50	油35克其他适量	0.85	0.30	5.65	9.00	3.35	37.22
生炸丸子	净肉苹	150	3.50	蛋粉	0.85	油40克其他适量	0.85	0.35	5.55	9.00	3.45	38.33
爆猪肝	净猪肝	125	3.30	生粉等	0.40	油30克其他适量	0.63	0.30	4.68	7.50	2.82	37.60
爆腰花	净猪腰	125	3.80	生粉等	0.40	油30克其他适量	0.68	0.30	5.18	8.00	2.82	35.25
炒里脊丝	里脊肉	125	3.25	蛋清、生粉	0.80	油40克其他适量	0.85	0.30	5.20	8.00	2.80	35.00
酱爆肉丁	净肉丁	125	3.20	蛋、生粉	0.80	油30克其他适量	0.85	0.30	5.15	8.00	2.85	35.63

饮食产品成本、毛利率和售价核算参考表

6. 中档菜肴类

规格：小件

品名	主料 名称	主料 数量(克)	主料 金额(元)	辅料 名称	辅料 金额(元)	调料 名称	调料 金额(元)	燃料费(元)	成本合计(元)	售价(元)	毛利额(元)	毛利率%
炒猪肚	净猪肚	100	3.00	菜、生粉	0.65	油25克其他适量	0.75	0.30	4.70	7.50	2.80	37.33
爆肚尖	生肚尖	125	4.80	蛋、生粉	0.82	油40克其他适量	0.90	0.30	6.82	12.00	5.18	43.17
炒腰花	净腰花	100	3.50	生粉、菜	0.80	油25克其他适量	0.85	0.30	5.45	9.00	3.55	39.44
烧肚片	熟肚	100	4.00	菜	0.80	油25克其他适量	0.80	0.32	5.92	10.00	4.08	40.80
黄焖鸡	熟鸡块	150	4.50	菜	0.80	油30克其他适量	0.80	0.36	6.46	11.00	4.54	41.27
爆鸡丁	净鸡肉	125	4.58	蛋、生粉	0.82	油40克其他适量	0.90	0.30	6.60	11.00	4.40	40.00
炒鸡杂	肫、肝	150	4.65	菜	0.80	油25克其他适量	0.80	0.30	6.55	11.00	4.45	40.45
烧鸭块	熟鸭块	150	3.25	菜	0.80	油25克其他适量	0.80	0.35	5.20	9.00	3.80	42.22
炒鸡蛋	鸡蛋	4个	2.00	菜	0.40	油40克其他适量	1.04	0.30	3.74	6.00	2.24	37.33
肉末斩蛋	鸡蛋	4个	2.00	肉末等	1.20	油40克其他适量	1.04	0.30	4.54	8.00	3.46	43.25
烧鲢子鱼	净鲢子鱼块	225	3.37			油25克其他适量	0.80	0.35	4.52	8.00	3.48	43.5

续表

品名	主料 名称	主料 数量(克)	主料 金额(元)	辅料 名称	辅料 金额(元)	调料 名称	调料 金额(元)	燃料费(元)	成本合计(元)	售价(元)	毛利额(元)	毛利率%
烧青鲤鱼	净青鲤鱼块	225	5.60			油25克其他适量	0.94	0.30	6.84	12.00	5.16	43.00
溜鱼片	净青鲤鱼片	150	6.10	蛋、生粉等	0.80	油35克其他适量	0.92	0.30	8.12	15.00	6.88	45.87
炒鱼片	净青鲤鱼片	125	5.00	蛋、玉兰片	0.84	油35克其他适量	0.92	0.30	7.06	13.00	5.94	45.69
大烧鱼	净鲢子鱼块	175	2.60	蛋、生粉等	0.80	油50克其他适量	1.25	0.35	5.00	9.00	4.00	44.44
烧全鱼	净鲢子鱼	500	5.40			油75克其他适量	1.32	0.35	7.07	13.00	5.93	45.62
溜全鱼	净青鲤鱼	500	6.50			油75克其他适量	1.32	0.35	8.17	15.00	6.83	45.53
煎肉丸	净肉茸	175	4.62	蛋、生粉	0.80	油40克其他适量	1.02	0.30	6.74	12.00	5.26	43.83
肉片汤	净肉片	50	1.40	粉条	0.38	油10克其他适量	0.40	0.20	2.38	4.00	1.62	40.50
蛋汤	鸡蛋	2个	1.00	粉条	0.30	油10克其他适量	0.40	0.20	1.90	3.00	1.10	36.67
川丸汤	净肉茸	100	2.36	蛋、粉	0.80	油10克其他适量	0.48	0.30	3.94	7.00	3.06	43.71
排骨汤	熟排骨	100	1.88	粉条	0.30	油10克其他适量	0.40	0.30	2.88	5.00	2.12	42.40

饮食产品成本、毛利率和售价核算参考表

规格：大件

7. 高档菜肴类

品名	主料 名称	主料 数量(克)	主料 金额(元)	辅料 名称	辅料 金额(元)	调料 名称	调料 金额(元)	燃料费(元)	成本合计(元)	售价(元)	毛利额(元)	毛利率%
芙蓉里脊片	里脊肉	150	4.50	蛋清6个、火腿等	3.80	油100克其他适量	1.96	0.34	10.60	20.00	9.40	47.10
炸里脊球	里脊肉	200	6.00	蛋清4个等	2.68	油100克其他适量	1.84	0.38	10.90	20.00	9.10	45.50
明月里脊脯	里脊肉	100	3.00	蛋清10个、火腿等	6.60	油100克其他适量	1.84	0.36	11.80	23.00	11.20	48.70
翻散里脊	里脊肉	200	6.00	火腿50克、腰肉100克、蛋清2个	3.80	油100克其他适量	1.82	0.38	12.00	24.00	12.00	50.00
溜里脊卷	里脊肉	200	6.00	蛋清2个、菇、火腿等	4.10	油100克其他适量	1.84	0.36	12.30	24.00	11.70	48.75
炸核桃腰	净猪腰	300	8.80	桃仁70克、蛋清2个等	3.40	油100克其他适量	1.72	0.38	14.30	28.00	13.70	48.93
鱼香猪肝	猪肝	300	8.60	姜丝、泡椒等	0.82	油125克其他适量	1.78	0.30	11.50	23.00	11.50	50.00
桂花炙骨	排骨	600	10.20	桂花15克、糖200克	1.65	油50克其他适量	0.92	0.43	13.20	26.00	12.80	49.23
夹沙甜肉	膘肉	200	4.00	蛋清4个、豆沙100克	1.87	油100克其他适量	1.86	0.37	8.10	16.00	7.90	49.38

续表

品名	主料 名称	主料 数量（克）	主料 金额（元）	辅料 名称	辅料 金额（元）	调料 名称	调料 金额（元）	燃料费（元）	成本合计（元）	售价（元）	毛利额（元）	毛利率%
香酥鸭	鸭一只	1000	17.10	鸡蛋2个等	1.40	油150克其他适量	1.82	0.48	20.80	40.00	19.20	48.00
八宝全鸭	鸭一只	1000	18.00	火腿、冬菇、糯米等200克	4.70	油150克其他适量	1.88	0.42	25.00	50.00	25.00	50.00
铁扒鸡	鸡一只	1000	19.00	葱头等	1.80	油150克其他适量	1.88	0.42	23.10	46.00	22.90	49.78
油淋鸡	鸡一只	1000	19.00			油100克其他适量	1.88	0.42	23.10	42.00	20.70	49.29
金钱鸡	鸡脯肉	150	4.10	蛋、活腿100克、膘肉100克等	5.00	油100克其他适量	1.88	0.34	11.30	22.00	10.70	48.64
宫保鸡丁	净鸡丁	300	6.60	蛋1个、花生米100克	1.50	油100克其他适量	1.92	0.38	10.40	20.00	9.60	48.00
炒鸡丝	净鸡丝	200	4.80	蛋清4个、冬笋等	2.60	油100克其他适量	1.86	0.34	9.60	20.00	10.40	52.00
煎鸡塔	鸡茸	200	4.80	火腿、蛋清3个、膘肉100克	3.00	油100克其他适量	1.86	0.34	10.00	20.00	10.00	50.00
鸡茸菜花	鸡茸	100	2.40	蛋清3个、火腿25克、菜花500克	3.00	油100克其他适量	1.72	0.38	7.50	15.00	7.50	50.00

续表

品名	主料		辅料		调料		燃料费(元)	成本合计(元)	售价(元)	毛利额(元)	毛利率%
	名称	数量(克)	金额(元)	名称	金额(元)	名称	金额(元)					
天鹅抱蛋	鸭一只	1000	17.00	鸡蛋 10 个、火腿、冬笋少许	6.00	油 100 克其他适量	1.72	0.48	25.20	50.00	24.80	49.60
武昌鱼	鳊鱼一条	1000	18.00	火腿、冬笋少许	3.00	油 75 克其他适量	1.72	0.38	23.10	46.00	22.90	49.78
松鼠鳜鱼	鳜鱼一条	1000	39.00	糖 150 克	0.80	油 200 克其他适量	2.98	0.62	43.40	80.00	36.60	45.75
牡丹鳜鱼	鳜鱼一条	1000	39.00	火腿 25 克、鸡蛋 2 个等	3.00	油 50 克其他适量	1.42	0.68	44.10	90.00	45.90	51.00
龙钗珠	鲤鱼一条	750	16.00	蛋 1 个、肉 100 克、冬菇、冬笋少许	3.80	油 50 克其他适量	1.42	0.58	21.80	45.00	23.20	51.56
双黄鱼片	鱼肉	250	11.60	鸡蛋 2 个等	1.50	油 100 克其他适量	1.84	0.46	15.40	30.00	14.60	48.67
煎鱼饼	鱼茸	250	11.80	鸡蛋 2 个、膘肉 50 克	1.80	油 100 克其他适量	1.84	0.46	15.90	30.00	14.10	47.00

续表

品名	主料 名称	主料 数量(克)	主料 金额(元)	辅料 名称	辅料 金额(元)	调料 名称	调料 金额(元)	燃料费(元)	成本合计(元)	售价(元)	毛利额(元)	毛利率%
白汁鱼卷	鱼肉	250	11.60	火腿、冬菇、冬笋各50克、蛋清2个	4.20	油100克其他适量	1.92	0.48	18.20	36.00	17.80	49.44
番茄鱼丝	鱼肉	300	12.20	鸡蛋2个、番茄少许	1.80	油100克其他适量	1.92	0.48	16.40	32.00	15.60	48.75
抓炒鱼条	鱼肉	300	12.20	蛋2个等	1.80	油100克其他适量	1.92	0.48	16.40	32.00	15.60	48.75
桔鲤鱼丸	鱼茸	250	11.50	蛋清2个、冬菇少许	2.00	油50克其他适量	0.92	0.48	14.90	30.00	15.10	50.33
奶油菜心	菜心	500	3.00	鲜奶半磅等	2.80	油100克其他适量	1.84	0.36	8.00	16.00	8.00	50.00
凤尾莴笋	净莴笋	750	2.50	虾茸100克	6.40	油100克其他适量	1.84	0.36	11.00	22.00	10.90	49.55
拔丝苹果	苹果	750	5.00	鸡蛋1个、糖150克	1.60	油100克其他适量	1.72	0.38	8.70	18.00	9.30	51.67

续表

品名	主料 名称	主料 数量(克)	主料 金额(元)	辅料 名称	辅料 金额(元)	调料 名称	调料 金额(元)	燃料费(元)	成本合计(元)	售价(元)	毛利额(元)	毛利率%
银耳果羹	白木耳	10	6.00	蜜橘250克、白糖200克	4.30	其他适量	0.60	0.40	11.30	24.00	12.70	52.92
虾籽广肚	鱼肚	75	16.00	虾籽15克、火腿、冬菇等少许	3.80	油100克其他适量	1.92	0.58	22.30	45.00	22.70	50.44
桂花干贝	干贝	50	18.00	鸡蛋、桂花等	2.20	油100克其他适量	1.72	0.58	22.50	45.00	22.50	50.00
八宝海参	水发刺参	200	30.00	火腿、冬菇、鸡肉等共200克	6.60	油100克其他适量	1.92	0.68	39.20	80.00	40.80	51.00
三丝鱼翅	水发鱼翅	300	60.00	鸡蛋、玉兰片、冬菇共150克	4.45	油150克其他适量	2.80	0.75	68.00	140.00	72.00	51.43
雪山鸡茸汤	鸡茸	100	2.40	蛋清6个、火腿等50个	4.00	油50克其他适量	1.58	0.32	8.30	17.00	8.70	51.18
鸳鸯炖各	鸡鸭各半只	1100	19.00	火腿、冬菇、冬笋各25克	4.80	油50克其他适量	1.58	0.62	26.00	52.00	26.00	50.00

8. 西式菜肴类

饮食产品成本、毛利率和售价核算参考表

金额单位：元

品名	单位	耗用原材料数量	合计成本	售价	毛利额	毛利率%
大腿煎蛋	份	鲜鸡蛋2个、火腿二片、油少许	4	15	11	73.33
印尼炸鸡翼	份	鸡翅2只、咖喱粉50克、洋葱丝50克、油适量	10	30	20	66.67
吉尼石斑鱼	份	石斑鱼柳120克、面包粉100克、鲜鸡蛋1个、调料适量	22	58	36	62.07
奶汁烤鱼	份	石斑鱼柳130克、奶油汁75克、其他调料适量	25	60	35	58.33
黑椒牛柳	份	牛柳150克、黑椒汁75克、薯条50克、西兰花40克	24	60	36	60.00
美式薄牛排	份	牛柳120克、鲜浇汁75克、薯条50克、荷兰豆40克	22	58	36	62.07
弗打香蕉	份	香蕉2支、弗打浆120克、糖粉20克	5	20	15	75.00
粟米忌廉汤	份	忌廉汤120克、粟米蓉15克	4	15	11	73.33
海鲜汤	份	忌廉汤120克、基围虾一只、石斑鱼15克、苏打饼干15克等	5	18	13	72.22
鲜果色拉	份	苹果1个、果莓三个、荔枝6个、提子70克、沙拉酱70克	10	28	18	64.29

9. 鸡尾酒

饮食产品成本、毛利率和售价核算参考表

金额单位：元

品名	单位	耗用原材料数量	合计成本	售价	毛利额	毛利率 %
马丁尼	杯	金酒 2OZ（盎司），马丁尼（干）1/2OZ，青橄榄少许	12.68	36	23.32	64.78
玛格尔特	杯	特吉拉 1.25OZ，柠檬汁 1/2OZ，糖水 1/2OZ，柠檬片少许	8.61	24	15.39	64.13
红粉佳人	杯	金酒 1.25OZ，柠檬汁 1/2OZ，红糖水 1/3OZ，一个鸡蛋清，红樱桃少许	9.84	30	20.86	69.53
青草蜢	杯	绿薄荷 1OZ，白可可酒 1/2OZ，三花淡奶 1/2OZ，绿樱桃少许	7.40	20	12.60	63.00
白兰地亚历山大	杯	白兰地 1.25OZ，棕可可酒 1/2OZ，三花淡奶 1/3OZ，豆蔻粉少许	7.85	20	12.15	60.75
环游世界	杯	伏特加 1.25OZ，绿薄荷 1/2OZ，菠萝汁 2OZ，菠萝角少许	9.65	30	20.35	67.83
曼哈顿	杯	波旁威士忌 1OZ，甜威末 1/2OZ，红樱桃少许	7.05	20	12.95	64.75
姜炸机	杯	咖啡力乔 1/3OZ，百利甜酒 1/3OZ，金万利 1/3OZ	4.99	15	10.01	66.73
天使之吻	杯	咖啡力乔 1/2OZ，三花淡奶 1/2OZ，红樱桃少许	3.25	15	11.75	78.33
黑俄罗斯	杯	伏特加 1OZ，咖啡力乔 1/2OZ	4.27	15	10.73	71.53

附录二

计算练习题

1. 带骨腿肉 50 千克（每千克 18 元），剔出骨头 3 千克（每千克 4.50 元）熬汤用，损耗 500 克，试求净腿肉每 100 克成本为多少元？

2. 活鸭一只重 2.5 千克（每千克 16 元），经宰杀、洗涤，得光鸭 1.6 千克。鸭血作价 0.18 元，鸭肫、鸭肝等作价 1.82 元，试求光鸭每千克成本为多少元？

3. 出骨腿肉 75 千克（每千克 18.60 元），经过拆卸分档处理，得精肉 45 千克，肉皮 8 千克，小排 10 千克，肥膘 11.4 千克。已知肉皮每千克 5.40 元，小排每千克 15.80 元，肥膘每千克 14.50 元，求精肉每千克的成本为多少元？

4. 购进鲜猪肝 46 千克（每千克 19.80 元），经过加工整理损耗 10%，试求净猪肝每 100 克成本为多少元？

5. 大黄鱼一条毛重 1.5 千克，进价每千克 44 元，经过去鳞、去内脏、加工整理为净全鱼，试求其每 100 克成本为多少元？（净料率为 80%）

6. 湖北饭店配制椒盐，花椒用量 40%，盐的用量 60%，已知花椒每千克进价为 26.40 元，盐每千克进价为 0.80 元。现想制椒盐 7 千克，求每 100 克椒盐的成本为多少元？

7. 江苏餐馆用麻油 50 克（每千克 18.40 元），酱油 25 克（每千克 4.80 元），白糖 50 克（每千克 5.00 元），米醋 50 克（每千克 3.80 元），葱、姜、蒜末少许（计 0.30 元），水适量,配制成糖醋卤汁 500 克,求其每 100 克成本为多少元?

8. 广系酒家烹制"滑蛋牛肉"一份,共用去鸡蛋 6 个(3.00 元),牛肉片 250 克(5.50 元),生油 150 克(1.80 元),味精 3 克(0.09 元),胡椒粉 0.5 克(0.04 元),精盐、葱米等少许(0.08 元),试计算该份菜的调味品成本为多少元?

9. 中华大酒店购进鲜鱼 20 千克,剖洗、加工炸熟制咸熏鱼 12 千克。计耗植物油 4 千克(每千克 14.20 元),糖 1.4 千克(每千克 4.80 元)酱油 1.5 千克(每千克 3.80 元),五香八角 50 克(每千克 5.60 元),葱 100 克(每千克 3.60 元),姜 100 克(每千克 3.40 元),求熏鱼每 100 克的调味品成本是多少元?

10. 爆腰花一盘,用净猪腰 150 克(鲜猪腰进价每千克 19.50 元),耗辅料 1.20 元,调料 1.80 元,燃料 0.30 元,试问该菜成本为多少元?按照 40% 销售毛利率计算其售价应为多少元?

11. 计划生产千层糕 200 块,每块售价 0.50 元,核定 38% 的销售毛利率,试问其投料成本应为多少元?现实际耗用面粉 5 千克(每千克 3.60 元),白糖 5 千克(每千克 5 元),板油 1.5 千克(每千克 16.20 元),熟猪油 500 克(每千克 18.80 元),耗用燃料 4 元,制成千层糕 253 块,试问实际达到的销售毛利率为多少?

12. 供应筵席一桌售价 800 元,共耗用主料成本 267 元,辅料成本 36.80 元,调料成本 56.80 元,燃料成本 32.40 元,操作过程中不慎泼油 1.80 千克(计 24.20 元),顾客进餐摔破汤匙一把(计价 0.45 元),试问这桌筵席的毛利额是多少？销售毛利率是多少？

13. 根据下列资料，计算并填写"生煎包子"成本核算单

产品成本核算单

产品名称：生煎包子　　　　1999 年 12 月 15 日　　　　金额：元

原材料品名	单位	单价	上日结存		本日领料		本日耗用		本日结存	
			数量	金额	数量	金额	数量	金额	数量	金额
面粉	千克	2.46								
腿肉	千克	18.30								
肉皮	千克	3.80								
食油	千克	14.80								
豆瓣辣酱	千克	3.20								
葱	千克	4.60								
味精	千克	36.00								
胡椒	千克	56.00								
燃料	元									
合计	元									

本日销售金额_____　　平均每千克成本_____

1999 年 12 月 15 日领用原料和当天盘点结存原料情况如下：

（1）12 月 14 日盘存计老面 6 千克，食油 500 克，豆瓣辣酱 10 千克。

（2）12 月 15 日领面粉两袋（50 千克），腿肉 17.5 千克，肉皮 4.5 千克，油 7 千克，葱 2 千克，味精 150 克，胡椒 50 克。生产结束后盘点，计存老面 9 千克，食油 1000 克，豆瓣辣酱 4 千克。当天耗用燃料 42 元。

(3) 12月15日销售金额1040元（每千克售价20元），成本计算到分为止。

（注：老面即酵面，每3千克老面折合2千克面粉）

14. 根据下列资料，计算并填写"什锦海参"成本核算单。

产品成本核算单

产品名称：什锦海参　　　　　　　　　　　　　　单位：元

原材料品名	单位	数量	单价	金额	备注
水发海参					
水发玉兰片					
水发香菇					
水发鱼肚					
鸡　片					
熟火腿					
鳜鱼片					
虾　蛋					
虾　米					
净猪腰					
鸡　蛋					
猪　油					
淀　粉					
味　精					
胡　椒					
燃　料					
合　计					

什锦海参一份计耗用各种原料量（附原料进货价格）以及燃料等如下：

（1）水发海参250克，海参进价每千克260元，1000克泡发4.5千克。

（2）水发玉兰片100克，玉兰片进价每千克32.00元，1000克泡发3千克。

（3）水发香菇100克，香菇进价每千克68元，1000克泡发2.5千克。

（4）水发鱼肚100克，鱼肚进价每千克98元，1000克泡发4千克。

（5）鸡片用量50克，净鸡进价1000克15元，净鸡1千克取鸡片400克，余下的鸡翅、鸡架等作价3.80元。

（6）熟火腿用量30克，生火腿进价1000克38元，1000克取熟火腿900千克。

（7）鳜鱼片用量50克，鳜鱼每千克进价62元，每千克取鱼片400克，鱼皮鱼盔等作价14元。

（8）虾蛋用量10克，每千克进价166元。

（9）虾米用量20克，每千克进价64元。

（10）净猪腰用量50克，猪腰每千克进价18.20元。

（11）鸡蛋用量1个，计价0.50元。

（12）猪油用量150克，每千克进价14.6元。

（13）淀粉用量50克，每千克进价2.80元。

（14）味精用量5克，每千克进价36元。

（15）胡椒用量2克，每千克进价58克。

（16）耗用燃料1元。

15. 计算并填写下表格有关项目：

单位：千克

毛料		净料处理项目	净料		净料率%
品　名	数量		品　名	数量	
白　菜	50	去外叶、根、茎	白菜心	19	
萝　卜	145	削皮、洗涤	净萝卜	116	
猪　腰	166	去腰骚	净猪腰	125	
鲜　鱼	342	剖洗剁块	净鱼块	256	
干鱼肚	2.75	油氽水发	水发鱼肚	12.1	
玉兰片	4.8	拣洗泡发	水发玉兰片		350%
活　鸡	25	宰杀分档	净鸡		67%
光　鸭	1.5	整鸭出骨	净鸭肉		58%
牛　肉	32	去筋卤烂	卤牛肉		45%
蒜　苗	65	去头、洗涤	净蒜苗		80%
番　茄		去蒂、洗涤	净番茄	162	90%
出骨腿肉		煮熟	白切肉	85.8	65%
猪　肚		取肚尖	净猪肚尖	0.63	9%
鲭　鱼		拉片	净鱼片	0.84	35%
香　菇		拣洗泡发	水发香菇	0.7	280%

16. 计算并填写下列各表有关项目:

(1) 已知成本和外加毛利率,求售价。

菜点名称	成本(元)	外加毛利率(%)	售价(元)
北方饺子	1.82	52.0	
粽　子	1.10	56.0	
赤豆羹	0.96	55.0	
炸猪排	18.50	51.0	
爆腰花	20.90	53.0	
烧鸭块	30.20	49.00	
烧全鱼	35.90	56.0	
鱼香猪肚	18.30	75.0	
宫保鸡丁	29.00	65.3	
双黄鱼片	37.60	65.0	

(2) 已知成本和售价,求外加毛利率。

菜点名称	成本(元)	售价(元)	外加毛利率%
鲜肉豆皮	2.66	4.50	
汤　包	2.60	4.50	
油登子	0.48	0.80	
木须肉	16.90	28.00	
炒牛肉丝	14.56	27.00	
烧肚片	15.24	28.00	
烧全鱼	23.30	40.00	
明月里脊脯	31.20	54.00	
香酥鸭	35.60	62.00	
银耳果羹	26.80	48.00	

(3) 已知售价和外加毛利率,求成本。

菜点名称	售价(元)	外加毛利率(%)	成本(元)
元　宵	1.50	55.0	
酥　饺	1.00	47.0	
面　窝	0.50	52.0	
焦熘里脊	38.00	51.0	
生炸丸子	30.00	52.0	
烧鲢子鱼	32.00	53.0	
爆鸡丁	45.00	53.0	
鸡茸菜花	62.00	63.0	
松鼠鳜鱼	120.00	64.0	
煎鱼饼	45.00	65.0	

(4) 已知成本和内扣毛利率,求售价。

菜点名称	成本(元)	内扣毛利率(%)	售价(元)
锅　饼	3.50	30.0	
豆沙包	0.96	36.0	
春　卷	2.06	41.0	
炒里脊丝	36.35	33.9	
炒鸡条	21.44	33.0	
粉蒸肉	16.67	33.3	
烧青鲤鱼	25.08	34.0	
油淋鸡	42.85	39.0	
夹沙甜肉	23.52	44.0	
桔瓣鱼佘	43.43	38.00	

(5) 已知成本和售价,求内扣毛利率。

菜点名称	成本（元）	售价（元）	内扣毛利率%
宁波汤圆	0.49	0.85	
水 晶 包	0.47	0.82	
八 宝 饭	0.88	1.65	
炒 肉 片	6.45	12.70	
酱爆肉丁	6.56	12.85	
炒 鸡 蛋	3.52	6.80	
武 昌 鱼	8.24	17.80	
奶油菜芯	4.32	8.80	
肉 片 汤	3.12	6.00	
炒 猪 肝	6.39	12.60	

(6) 已知售价和内扣毛利率,求成本。

菜点名称	售价（元）	内扣毛利率（%）	成本（元）
凉　　面	1.50	40.0	
双 盒 酥	0.80	39.0	
油　　条	0.50	36.6	
雪山鸡茸汤	14.50	41.6	
拔丝苹果	14.50	40.8	
生炸丸子	13.00	38.1	
回 锅 肉	12.6	35.0	
黄 焖 鸡	14.6	35.2	
溜 鱼 片	16.50	35.0	
蛋　　汤	4.50	34.0	

(7) 已知外加毛利率（%），换算为内扣毛利率（%）（计算到小数点二位数）

外加毛利率（%）	内扣毛利率（%）
56.7	
64.6	
49.8	
81.5	
61.9	

(8) 已知内扣毛利率（%），换算为外加毛利率（%）（计算到小数点后二位数）

内扣毛利率（%）	外加毛利率（%）
32.6	
27.4	
35.6	
29.2	
40.2	